기독교학교교육연구신서 ⑤

입시에 대한
기독교적 대응

강영택, 황병준, 김헌숙, 박상진

모든 인간은 하나님의 형상을 닮은 존엄한 존재입니다. 전 세계의 모든 사람들은 인종, 민족, 피부색, 문화, 언어에 관계없이 존귀합니다. 예영커뮤니케이션은 이러한 정신에 근거해 모든 인간이 존귀한 삶을 사는 데 필요한 지식과 문화를 예수 그리스도의 사랑으로 보급함으로써 우리가 속한 사회에 기여하고자 합니다.

입시에 대한 기독교적 대응

초판 1쇄 찍은 날·2009년 8월 5일 | 펴낸 날·2009년 8월 10일
지은이·박상진 외 3명 | 엮은이·기독교학교교육연구소 | 펴낸이·김승태
등록번호·제2-1349호(1992. 3. 31) | 펴낸 곳·예영커뮤니케이션
주소·(136-825) 서울시 성북구 성북1동 179-56 | 홈페이지 www.jeyoung.com
출판사업부·T. (02)766-8931 F. (02)766-8934 e-mail: edit1@jeyoung.com
출판유통사업부·T. (02)766-7912 F. (02)766-8934 e-mail: sales@jeyoung.com

copyright ⓒ2009, 기독교학교교육연구소

ISBN 978-89-8350-535-4

값 9,000원

* 잘못 만들어진 책은 교환해 드립니다.
* 본 저작물은 저작권법에 의하여 한국 내에서 보호를 받는 저작물이므로 무단 전제와 무단 복제를 금합니다.

입시에 대한
기독교적 대응

머리말

입시는 교육 고통의 중심에 위치해 있다. 조기유학, 사교육 팽창, 청소년 자살 등 온갖 교육 문제들이 입시에 연유되어 있다. 입시는 아동과 청소년들의 생존권과 수면권, 행복 추구권 등 기본적인 인권을 침해할 뿐 아니라 수많은 부모들에게 엄청난 고통을 안겨 주고 있다. 특히 대학입시는 중·고등학교 교육은 물론 초등학교 교육과 유치원 교육까지 입시 위주의 교육으로 왜곡시키고 있다. 마치 '붕어빵을 찍듯이' 수능시험에 맞추어 획일적인 교육을 실시하고 있다. 학교에서 인성교육과 성품교육, 그리고 예체능교육은 그 모습을 찾기 어려울 정도로 유명무실해지고 있다. 오직 입시 경쟁에서 살아남아 소위 일류대학에 진학하는 것을 '성공'이라고 부르며, 그 경쟁에 학생들을 투입시키는 총성 없는 전쟁만이 있을 뿐이다. 스프링 바크라는 산양 떼 이야기처럼 이제는 더 이상 앞에 있는 풀을 먹기 위해 움직이는 것이 아니라 옆의 산양보다 먼저 달려야 한다는 경쟁으로 인해 모든 산양 떼가 초원을 지나쳐 버리고 마침내 낭떠러지에 떨어져 죽는 것과 같은 현상이 오늘의 입시 경쟁의 모습이다.

입시에 대해서 기독교인들은 어떤 태도를 취하고 있는가? 한국교회는 입시 문제 해결을 위해서 어떤 노력을 기울여 왔는가? 적어도 입시에 대해서 만큼은 기독교인들도 비기독교인들과 크게 다르지 않은 것처럼 보인다. 기독교 신앙이 있더라도 자녀교육, 특히 입시에 대해서는 기독교적 관점을 지니고 이를 실천하기보다는 세속적인 경향을 지닌다. 자녀교육에 있어서 성경적인 기준과 하나님의 방식을 따르기보다는 주위의 다른 사람들을 의식하면서 자녀들을 입시 위주의 교육으로 내몰고 있는 것에서 비기독교인과 차이가 없다. 기독교인 학부모들마저도 소위 '옆집 아주머니'의 영향에서 벗어나지 못하고, 남들처럼 하지 않으면 불안해 하고 두려워하는 것이다. 한국의 그리스도인들이 자녀교육에 있어서도 과연 그리스도인인가? 그리스도인이면서 부모인 사람은 많지만, 진정한 그리스도인 부모는 많지 않은 것이 오늘의 현실이다. 자신의 신앙이 자녀교육, 특히 입시 문제까지 연계되어 그 영역에서도 '주님되심'을 인정하는 사람을 찾기가 쉽지 않다. 한국교회는 대부분이 학부모인 교인들에게 기독교적 자녀 교육관을 올바로 심어 주지 못하였고, 입시에 대한 기독교적 관점을 확립시켜 주지 못하였다. 오히려 교회 안에서조차 입시 위주의 문화가 팽배한 것이 부인할 수 없는 사실이다.

　기독교학교교육연구소가 입시를 연구 주제로 설정한 것은 입시에 대한 기독교적 관점을 정립하는 것이 가장 중요하다고 보았기 때문이다. 입시에 대한 기독교적 이해가 분명하지 않으면 아무리 기독교 가정이라도 세속 가정으로 전락해 버리고, 건학이념이 좋은 기독교학교라도 세속학교로 전락해 버린다. 심지어 교회학교마저도 입시의 파도가 몰아닥치면 무기력해져서 신앙교육 주도권마저 상실해 버리게 된다. 때문에 작년 1차년도 연구는 이런 입시에 대한 기독교적 이해를 돕고자 하였다. 1차 연구는 입시에 대한 기독교 영역에서의 최초의 논의라고 생각된다. 이런 이해를 바탕으로 2차 연구에서는 입시에 대한 기독교적 이해를 바탕으로 기독교적으로 어떻게 대응해야 하는지를 논하고자 한다. 이런 논의들이 입시 문제에 대한 기독교적 해결의 실마리를 풀 수 있는 계기가 될 수 있기를 기대한다. 이 책을 읽는 목회자, 기독교학교 교사, 기독교 교육자, 기독 학부모 등 모든 분들이 교육 고통에 대해 애통하는 마음을 갖고, 입시에 대한 하나님의 뜻을 깨닫고 이를 실천하는 통로가 될 수 있기를 바란다. 귀한 연구를 수행해 주신 필진들과 연구소의 동역자들, 그리고 연구에 필요한 재정을 지원해 주시는 여러 후원 단체들에게 깊은 감사를 드리며, 이 땅에 하나님의 교육이 펼쳐질 수 있기를 간절히 소망한다.

2009년 7월 아차산 기슭에서
기독교학교교육연구소 소장 박상진

차례

머리말 _4

수월성에 대한 기독교적 재개념화와 대학입시 개혁 _강영택

I. 서론 _13
    1. 연구의 필요성과 목적 _13
    2. 연구의 내용과 방법 _15

II. 교육 수월성에 대한 이해 _16
    1. 수월성의 개념 _16
    2. 수월성 담론이 갖는 의미 _20

III. 수월성에 대한 확장된 논의 _26
    1. 다양한 수월성 _27
    2. 사회적 수월성 _29
    3. 도덕적 수월성 _30
    4. 수월성에 대한 성경적 이해 _32
    5. 수월성에 대한 기독교적 재개념화 _36

IV. 교육 수월성과 대학입시 _38
    1. 우리 나라 대학입시제도의 변천과 특징 _38
    2. 수월성의 관점에서 본 현행 대학입시의 문제점 _43
    3. 수월성을 추구하는 대학입시의 개혁 _46

V. 결론 _51

참고 문헌 _55

기독교학교에서의 대학입시에 대한 인식
– 대안학교와 미션스쿨의 비교연구 _황병준

I. 서론 _61

II. 이론적 배경 _63
   1. 대안학교와 대안교육 _63
   2. 대안학교 및 학생 현황 _65
   3. 대안학교 및 미션스쿨에 대한 비교연구 동향 _66

III. 연구방법 _67
   1. 연구대상 _67
   2. 자료수집 방법 _67
   3. 조사내용 _68

IV. 연구결과 _69
   1. 연구 대상자들의 인구사회학적 특성 _69
   2. 대안학교와 미션스쿨 학교 운영자들 간의 대학입시 이해의 차이 _71
   3. 대안학교와 미션스쿨 학교 운영자들 간의 교육 목적의 차이 _72
   4. 대안학교와 미션스쿨 학교 운영자 간의 학생진로교육 가치 기준의 차이 _74
   5. 대안학교와 미션스쿨 간의 자율학습 및 보충수업 실시 여부의 차이 _75
   6. 대안학교와 미션스쿨의 신앙생활의 중요성의 차이 _76
   7. 입시 이해, 교육 목적, 진로교육 가치관, 자율학습/보충수업, 신앙생활과의 상관관계 _77

V. 결론 및 논의 _79

참고 문헌 _83
설문 조사 _85

입시 문제 해결을 위한 기독인 시민운동에 대한 연구 _김헌숙

I. 서론 _95

II. 교육시민운동의 현황 _96
    1. 일반 교육시민운동 _97
    2. 기독 교육시민운동 _101

III. 기독 교육시민운동의 필요성 _105
    1. 기독 교육시민운동의 지체성의 이유와 그 필요성 _106
    2. 기독 시민운동의 사례: 19세기 영국 _110

IV. 입시 문제 해결을 위한 기독 시민운동의 방향과 방법론 모색 _116
    1. 방향과 목표 _117
    2. 방법론 _123

V. 결론 _127

참고 문헌 _129

입시 문제 해결을 위한 한국교회의 역할 _박상진

I. 서론: 연구의 목적과 방법 _133

II. 한국교회가 입시에 관심을 가져야 하는 이유 _134

III. 한국교회와 입시 문제의 관계에 대한 신학적 성찰 _139
    1. 교회와 하나님 나라 _140
    2. 하나님 나라와 교육 _142
    3. 교육 고통으로서 입시 _144

IV. 한국교회의 입시 문제 해결 가능성 _145
    1. 기독교와 사회 변동 _146
    2. 기독교와 도덕성 변혁 _148
    3. 입시에 내재된 가치 체계 _150

V. 입시에 대한 한국교회의 인식: 목회자 대상 설문조사 _156
    1. 조사연구의 내용 _156
    2. 조사대상 및 표집 방법 _157
    3. 조사의 결과 _157

VI. 입시 문제 해결을 위한 한국교회의 과제 _189
    1. 목회자의 교육에 대한 인식 개선 _189
    2. 기독학부모 세우기 _191
    3. 교회교육에 대한 새로운 접근/교회, 가정, 학교의 연계 _193
    4. 입시에 대한 기독교문화 형성 _194
    5. 기독교교육 운동의 확산 _196
    6. 입시제도의 개선을 위한 기독교적 대안 모색 _198
    7. 기독교교육 공동체적 노력 _199

VII. 결언 _200

참고 문헌 _201
설문 조사 _203

수월성에 대한 기독교적 재개념화와 대학입시 개혁

강영택 교수

미국 칼빈신학대학원 석사(M.A)
미시간 주립대학교 박사(Ph.D.)
기독교학교교육연구소 연구교수
현 우석대학교 교육학과 교수

수월성에 대한 기독교적 재개념화와 대학입시의 개혁[1]

강영택 | 우석대 교육학과, 기독교학교교육연구소

I. 서론

1. 연구의 필요성과 목적

한국의 교육은 분주하다. 학교도 바쁘고, 학생도 바쁘고, 부모도 바쁘고, 사회도 바쁘다. 그 분주함 한가운데 대학입시가 존재한다. 입시가 분주함의 이유이고, 목적이고, 내용이다. 그러므로 대학입시가 마무리될 때 한국교육의 분주함은 끝이 난다. 분주함이 무슨 잘못인가? 분주함은 게으름보다 훨씬 도덕적이다. 그러나 교육에서의 분주함은 치명적인 문제를 낳는다. 그것은 사색과 반성의 결여이다. 사색과 반성이 결여된 교육은 진정한 의미에서의 교육이 아닐 가능성이 높다. 그럼에도 불구하고 한국사회가 분주하게 대학입시에 몰두하는 것은 그 일에 중요한 가치가 있을 것이라 상정하기 때문이다. 열심히 교육을 해서 탁월함(excellence)[2]을 이루면 대학입시에서도 성공할 뿐 아니라 국가의 발전에도 기여할 것이라 믿는다. 대학입시 경쟁을 통해 교육의 수월성

---

1) 이 글은 학술지 "신앙과 학문" 13권 3호에 실렸던 논문을 수정 보완한 것이다.
2) 영어 excellence를 수월성, 탁월성(함), 우수함 등의 단어들로 상호교환적으로 사용한다.

을 이룰 수 있다고 생각한다. 무한경쟁의 국제화시대에 국가 경쟁력 강화를 위해 많은 나라들이 교육 수월성 제고를 교육 개혁의 최우선 과제로 삼고 있는 현 시점에서 우리 역시 수월성 제고를 위해 대학입시 경쟁을 강화하는 것은 정당하다고 주장한다. 과연 그러한가? 우리가 추구하는 수월성이란 도대체 무엇인가? 입시경쟁을 통해 길러진 '탁월한' 아이들이 만들어 갈 미래 사회는 어떤 사회일까? 수월성 제고를 통해 이루고자 하는 국가 경쟁력이란 과연 무엇인가? 현재의 대학입시가 학생들로 하여금 어떤 탁월함을 길러 주는가? 혹 대학입시가 아이들의 무한한 탁월성의 가능성을 오히려 억압하지는 않는가?

본 연구는 우리 교육의 분주함으로부터 잠깐 벗어나서 위에서 제기한 질문들을 생각해 보는 반성의 시간을 갖자는 취지를 띤다. 우리 교육이 열심히 달려가고 있는 그 길이 과연 올바른 길인지, 건강하고 밝은 미래를 향한 길인지 함께 숙고해 보자는 것이다. 이를 위해 본 연구에서는 두 가지 중요한 교육적 주제들을 다룬다. 교육적 수월성이라는 개념과 우리 나라의 대학입시제도이다. 교육 수월성은 학교교육의 일반적인 목표이고, 대학입시는 우리 나라 학교교육의 실질적인 목표이다. 우리 나라 학교교육이 심각하게 왜곡되어 있다면, 그것은 이 두 가지 핵심적인 사안과 깊은 관계가 있을 것이다. 그러므로 우리 나라에서 이루어지고 있는 수월성에 대한 논의가 충분한 교육(학)적 논거와 정당성을 내포하고 있는지 그리고 우리 나라의 대학입시제도가 교육적 수월성을 제대로 담보하고 있는지를 탐구해 보아야 한다. 우리의 수월성 담화와 대학입시제도를 비판적으로 고찰하여 발견된 문제점들을 극복하기 위하여 수월성에 대한 재개념화를 시도하고 대학입시제도의 개혁방안을 제시할 것이다. 이러한 시도들은 우리가 미래를 위해 추구해야 하는 교육의 방향과 목적을 새롭게 설정하도록 요청할 것이고 이를 위해 현재 우리 나라에서 이루어지고 있는 분주한 교육활동들이 어떻게 재구성되어야 하는지에 대해 심각한 문제 제기를 하게 될 것이다.

이러한 노력들을 통해 본 연구가 궁극적으로 의도하고자 하는 것은 올바른 교육적 목표를 정립하여 우리 사회에서 이루어지는 분주한 교육활동들이 아이들을 위한 진정한 교육이 될 수 있도록 그 토대를 만들어 가자는 것이다. 우리 교육이 추구해야 하는 수월성을 바르게 이해하여 하나님께서 우리 자녀들에게 부여하신 다양한 능력들을 골고루 개발시켜 모든 아이들이 행복할 뿐 아니라 그 아이들의 다양한 우수함이 만들어 갈 건강하고 정의로운 사회를 형성하는 데 이 연구가 조금이나마 기여할 수 있기를 기대한다.

2. 연구의 내용과 방법

본 연구에서는 두 가지 연구 주제를 고찰한다. 먼저 교육 수월성에 대한 탐구이고, 다음 수월성과 대학입시의 관계에 대한 논의이다. 수월성은 학교교육이 추구하는 중요한 한 방향이라는 사실에 대하여 이론의 여지가 없다. 문제는 수월성을 어떻게 이해하는가 하는 것이다. 수월성의 개념에 대한 이해는 교육 자체를 보는 관점과 관계한다(Prakash & Waks, 1985). 그러므로 교육의 방향을 새롭게 강구하는 데 있어 수월성을 이해하는 방식을 고찰하는 것은 매우 중요하다. 따라서 이 연구에서는 먼저 우리 나라에서 이루어지고 있는 수월성에 대한 담론을 분석하고자 한다. 이와 덧붙여 수월성에 대한 토론이 활발했던 미국에서의 수월성 담론도 간단하게 고찰할 것이다. 수월성 담론에 대한 분석을 토대로 수월성의 개념을 새롭게 정립하기 위해 수월성에서 강조되어야 하는 세 가지 요소들에 대해 살펴보고자 한다. 그리고 나서 성경으로부터 수월성에 대한 중요 원리들을 찾아보고자 한다.

본 연구의 후반부에서는 수월성과 대학입시의 관계를 고찰할 것이다. 먼저 현 우리 나라 대학입시제도가 교육적 수월성을 강화시키는 데 기여하는지 아니면 장애요소로 작용하는지 살펴볼 것이다. 그리고 전반부에서 새롭게 개념화된 수월성을 제고하기 위하여 대학입시제도와 우리 사회가 어떻게 변해야 하는지에 대해 논의하고자 한다.

본 연구를 위해 갖는 연구 문제들을 정리하면 다음과 같다.

첫째, 우리 나라에서 수월성의 개념을 어떻게 이해하고 있는가? 수월성에 대한 담론이 갖는 의미는 무엇인가?

둘째, 수월성에 대한 재개념화를 위해 수월성의 어떤 요소들을 고려해야 하는가?

셋째, 성경은 교육 수월성에 대해 어떤 원리들을 제시하고 있는가?

넷째, 현 대학입시 제도는 수월성의 추구라는 교육의 목적에 부합하는가?

다섯째, 재개념화된 수월성을 추구하는 평가가 되기 위해서 대학입시와 우리 사회는 어떻게 변화해야 하는가?

본 연구에서는 연구 목적에 부합하는 연구를 수행하기 위해서 주로 문헌 조사에 의존하였다. 수월성 담론을 분석하기 위해서 우리 나라 교육부의 수월성에 대한 보고서와 주요 언론에서 발표된 관련 글들과 미국 정부의 주요 보고서 등을 분석하였다. 수월성에 대한 성경적 이해를 위해서는 컴퓨터 검색을 통해 유사 단어를 포함하고 있는 성경 본문을 찾아 분석을 하거나, 단어가 직접 사용되지는 않지만 내용적으로 관련 있다고 생각되는 비유, 인물, 본문 등을 찾아 해석을 하는 방식으로 연구가 수행되었다. 그 외 수월성에 대한 논의와 대학입시에 대한 분석은 관련 학자들의 연구 성과물들을 토대로 하여 본 연구를 수행하였다.

II. 교육 수월성에 대한 이해

1. 수월성의 개념

교육 수월성에 대한 이해는 사람과 사회에 따라 다르다. 그리고 많은 경우 수월성을 평등성과 연계하여 이해하고 논의하는 경향이 강하다. 즉, 교육 수월성의 추구는 평등성을 약화시키고 교육 평등성의 강조는 수월성의 퇴조를 가져온다는 식의 논의가 많다. 그러한 논의의 진실성 여부에 대한 논의는 뒤로 미루고 여기서는 먼저 수월성의 개념에 대한 다양한 정의들을 소개한 뒤 평등성의 개념에 대해 언급하도록 하겠다. 수월성이란 그 단어의 어원과 관계해서 두 가지 정의를 내릴 수 있다. 첫 번째는 수월성이 영어 단어의 사전적 의미와 관련하여 '~보다 뛰어난(excelling)'으로 사용되고 있다. 다른 대상과 비교하여 더 우수하다는 의미에서 상대적 개념으로서의 수월성이다. 그리고 두 번째는 수월성의 헬라 단어인 arete와 관계해서 수월성은 '신이 인간에게 부여한 재능/잠재능력을 충분히 개발하는 책무성'이란 의미로 사용된다(Purpel, 2007). 헬라어 arete가 수월성(excellence) 혹은 장점/덕성(virtue)으로 번역되는 것으로 볼 때 개인이 재능을 충분히 개발하여 갖고 있는 장점혹 덕성이 곧 수월성이 되는 것이다.

수월성의 개념에 대해 개인적인 측면과 사회적인 측면으로 구분하여 체계화한 사람은 존 가드너(J. W. Gardner)로, 그에 따르면 개인이 가지고 있는 다양하고 풍부한 잠재능력으로서의 수월성과 사회 전체에 활력을 주고 인류의 진보에 기여하는 수월성이 있다고 한다(Gardner, 1977). 한국의 학자들 역시 가드너의 개념 설명과 큰 차이를 보이지 않는다. 박성익(2006)은 여러 학자들의 수월성에 대한 개념을 검토한 뒤 수월성을 "개인적, 사회적으로 가치 있는 영역에서 최고의 수준을 성취하는 것"으로 정의 내렸다(p. 3). 이군현(2000)은 수월성을 "특출한 재능을 발견하고 계발하는 과정 및 도덕적 가치에 대한 추구"(p. 23)라고 정의하여 수월성이 지적인 측면과 도덕적인 측면을 함께 포함해야 한다고 말했다. 김경자(2002)는 학습자 개인의 적성과 능력의 발휘를 중시하는 '개인적 수월성', 교과의 최고 수준에 도달한 상태인 '교과적 수월성', 교육조건의 평등화를 통해 모든 사람이 뛰어난 수준에 도달하는 '사회적 수월성'으로 구분하여 수월성의 개념을 제시하고 있다. 서울대학교 교육

연구소(1989)에서 발간한 교육학용어사전에 따르면 수월성은 "생활의 모든 면에 있어서 최상의 표준에 도달하기 위한 노력"(p. 320)으로 정의되며, 이 개념은 가치에 대한 다원적 접근과 개인의 자아실현이라는 기초 위에 구축되어야 한다고 적고 있다(박종필, 2005).

프라카쉬(Prakash)와 웨익스(Waks)(1985)는 기존의 수월성에 대한 논의들이 내포하고 있는 수월성의 네 가지 개념을 제시하고 그 개념들이 어떻게 교육을 보는 관점과 연결되어 있는지 설명한다. 첫 번째 개념은 숙련(proficiency)으로서의 수월성이다. 수월성은 기본기술이나 지식 단위에서 높은 수준의 숙련을 보이며, 이는 표준화된 시험에 의해 측정된다고 본다. 이 때 교육은 목적 달성을 위한 합리적인 생산으로서의 이미지를 갖는다. 두 번째 개념은 학문적 정통(mastery)으로서의 수월성이다. 다양한 학문/지식 분야에 입문하여 그 분야의 지식 체계의 발전에 적극적으로 참여하는 것이 수월성이다. 이 개념은 교육을 인지적 사회화 과정으로 보는 관점과 관계한다. 세 번째 개념은 자아실현으로서의 수월성이다. 수월성은 사회적 제약으로부터 개인의 자유를 보장하며 개인적 인성(personality)을 온전히 드러낼 때 이루어진다. 이러한 이해는 교육을 자아각성과 개인적 성장을 돕는 활동으로 보는 관점과 관계한다. 네 번째 개념은 사회적 책임으로서의 수월성이다. 수월성은 공동체 내에서 공동체를 위한 자아실현이다(Starratt, 1996). 각 개인의 수월성은 공공선을 위한 적극적인 관심과 책임의 완수와 관계한다. 이러한 수월성에 대한 이해는 교육을 공동체에서의 자아실현을 이루는 것으로 보는 견해에서 도출된다.

이상에서 제시한 수월성에 대한 다양한 정의들 가운데 중요한 것들을 도표로 제시하면 〈표 1〉과 같다. 수월성에 대한 다양한 개념들을 종합해 볼 때 수월성은 인간 개인이 갖고 있는 다양한 잠재능력의 발휘일 뿐 아니라 인간의 자유의 신장을 통한 자아실현과 관계하며 이는 결국 사회의 공공선의 확립에 기여하는 것이라 말할 수 있다.

〈표 1〉 수월성 개념에 대한 대표적인 정의들

종류 / 연구자	정의
어원적 의미	excelling (영어): ~보다 뛰어난 arete (그리스어): 개인이 재능을 충분히 개발하여 갖고 있는 장점 혹 덕성 (virtue)
가드너 (J. Gardner) (1977)	개인이 가지고 있는 다양하고 풍부한 잠재능력으로서의 수월성 사회전체에 활력을 주고 인류의 진보에 기여하는 수월성
김경자 (2002)	개인적 수월성: 학습자 개인의 적성과 능력의 뛰어난 발휘 교과적 수월성: 교과의 최고 수준에 도달한 상태 사회적 수월성: 교육조건의 평등화를 통해 모든 사람이 뛰어난 수준에 도달하는 상태
프라카쉬와 웨익스 (Prakash & Waks) (1985)	숙련으로서의 수월성 학문적 정통으로서의 수월성 자아실현으로서의 수월성 사회적 책임으로서의 수월성

다음 수월성과 함께 종종 논의되는 평등성 개념을 살펴보면 다음과 같다. 평등성은 '동일성(sameness)'과 '적합성(fittingness)' 혹은 '공정성(fairness)' 이라는 두 가지 원리로 이해할 수 있다(김경근, 2006). 동일성의 원리는 모든 사람이 평등함으로 모두가 똑같이 대우를 받아야 한다는 것이다. 이에 의하면 교육의 기회는 획일적으로 동일하게 주어져야 교육적 평등성이 이루어진다고 본다. 다음, 적합성의 원리는 모든 사람이 동일한 조건에 있지 않음을 인정하고 각자에 적합한 대우를 하는 것이 공평하다고 보는 것이다. 그러므로 교육의 기회나 자원이 교육 대상의 상황에 적절하게 배분되어야 교육적 평등성이 이루어지는 것이다. 교육의 평등성을 보다 세분하면 교육 기회, 교육 조건, 교육 결과의 평등성으로 나눌 수 있다. 교육 기회의 평등성은 다시 허용적 평등관과 보장적 평등관에 의해 구분되기도 한다(고요한, 1989; 김신일, 2000). 허용적 평등은 교육 기회를 모든 사람들에게 법적으로 허용하는 것이지만, 보장적 평등은 허용된 교육 기회를 사람들이 실제 이용할 수 있도록 경제적으로나 다른 제반 여건을 조성해 줌으로써 교육 기회를 실질적으로 보장하는 것

을 의미한다. 교육 조건의 평등성은 학교의 시설, 교원의 자질, 교육과정 등에서 학교 간 수준의 차이를 해소함으로써 모두가 평등한 교육을 받을 수 있게 하는 것이다. 교육 결과의 평등성은 교육 기회나 교육 조건의 평등성으로 실질적 평등을 이룰 수 없다고 보고 사회경제적으로 불리한 학생들에게 보상조치를 취함으로 결과가 동등해지도록 추구하는 것을 의미한다. 이처럼 교육 평등성의 개념도 다양하게 사용되고 있다.

이상에서 수월성과 평등성의 다양한 개념들을 살펴볼 때 이 둘은 결코 대립·갈등의 관계가 아니라 동반·조화의 관계일 수 있음이 드러난다(고요한, 1989; 김성수, 2006; 문용린, 2002). 즉, 수월성이 개개인의 다양한 잠재능력의 개발이며, 적합성으로서의 평등성은 모든 사람에게 그들의 적성과 능력에 적합한 교육적 기회를 제공하는 것이라 하면 이 둘은 함께 추구되는 것이 매우 자연스럽다고 할 수 있다.

2. 수월성 담론이 갖는 의미

우리 나라에서 교육 수월성에 대한 관심은 1980년대에 들어오면서 나타나기 시작했다. 1980년대 초에 발간된 '교육행정백서'에서 문교부는 교육의 수월성과 평등성을 강조하고 있고, 1987년 '한국교육 개혁심의회'에서 보고한 '10대 교육 개혁'에서도 교육 수월성을 중요한 교육 개혁의 한 과제로 삼고 있다(고요한, 1989). 그러나 수월성의 문제가 우리 나라의 전 국가적 관심사로 제기된 것은 1990년대 후반에 들어서이다. 1974년 이후 시행되고 있던 고교평준화 정책과 관련하여 수월성의 문제가 주요 정치적 담론으로 등장하였다. 즉, 고교평준화 정책으로 교육 수월성이 크게 쇠퇴하고 있다는 비판이 강하게 대두되었다. 수월성에 대한 관심은 바로 영재교육에 대한 연구와 논의로 이어져 2000년 들어 영재교육진흥법이 제정되었고, 2003년에 영재학교가 처음으로 개교하기에 이르렀다(박종필, 2005). 수월성에 대한 이러한 국가적 관심은 마침내 2004년 12월 교육인적자원부의 「창의적 인재양성을 위한 수월성 교육 종합대책」이라는 수월성 교육을 위한 대책안을 발표하게 했다. 이어서 교육인적자원부는 다시 2007년 10월에 「수월성 제고를 위한 고등학교 운영개선 및 체제개편 방안」을 발표했다.

「창의적 인재양성을 위한 수월성 교육 종합대책」에서는 수월성 교육 대상자 및 영역을 점진적으로 확대하는 방안을 밝히고 있다. 2010년까지 전체 초·중·고등학교 학생의 5%를 수월성 교육의 대상자로 삼겠다는 것이고, 수월성 교육을 위해 영재학교의 추가 설립, 과학고의 확대, 특수목적 고등학교의 수월성 교육기능의 확대, 자립형 사립고의 도입안을 주요 내용으로 제시하고 있다. 이에 덧붙여 수월성 교육에 수준별 이동수업, 독서교육, 창의성교육 등을 부가적으로 포함시키고 있다(박종필, 2005; 조석희, 2004). 「수월성 제고를 위한 고등학교 운영개선 및 체제개편 방안」에서도 수월성에 대한 유사한 대책안을 담고 있으며, 특징적인 것은 주로 특수목적 고등학교의 제도 개선에 초점을 맞추고 있다는 점이다. 그리고 이 보고서는 수월성 교육을 "영재교육(영재학교, 영재학급, 영재교육원)과 특목고 교육을 포함하며, 일반계고의 수준별 수업 등 학교 내 특별프로그램"까지를 포함한다고 밝히고 있다(교육인적자원부, 2007: 3).

위 두 개의 보고서에 나타나는 우리 나라 교육부의 수월성 교육에 대한 인식에는 다음과 같은 특징들이 있다. 첫째, 수월성 교육을 국가 경쟁력을 강화하는 중요한 수단으로 인식하고 있다는 점이다. 둘째, 교육 수월성을 교육 평등성과 대립되는 것으로 보고 있다. 즉, 고교 평준화 정책으로 확립되고 있다고 판단하는 교육 평등성의 토대 위에서 평준화 제도가 갖는 약점을 보완하는 방식으로 수월성 교육을 이해하고 있다. 셋째, 수월성 교육을 모든 학생을 대상으로 하는 것으로 보지 않고 일부의 학생 특히 우수한 학생들을 대상으로 하는 교육으로 이해하고 있다. 즉, 수월성 교육이라 할 때 영재교육 혹 엘리트 교육에 초점을 두고 있다. 이러한 교육부의 수월성에 대한 이해는 앞서 제시한 수월성의 개념에 비추어 볼 때 대단히 협소한 견해임을 알 수 있다.

그런데 교육부의 보고서에 나타나고 있는 수월성 (교육)에 대한 이러한 이해는 우리 사회의 주류적인 담론으로 자리 잡고 있다. 최근 들어 주요 언론에서 수월성에 대한 토론이 활발하게 일어나고 있는데 많은 글에서 발견되는 수월성에 대한 이해가 교육부가 보여 주었던 견해와 유사함을 알 수 있다. 그 예들을 찾아보면 다음과 같다.

- 김[신일 교육부총리]내정자는 국가주의적 교육통제정책을 버리고, 학교 선택권 및 사립학교 자율성의 확대를 통해 교육의 질과 수월성을 높여야 한다. (동아일보 사설 2006. 9. 2)
- 국제중 설립 논쟁은 교육이 추구해야 할 보편성(普遍性)과 수월성(秀越性)의 대립이다. 논란을 거듭하며 찬성과 반대의 논리도 분명해졌다. 보편성이나 수월성은 시대와 상황에 따라 둘 다 무시할 수 없는 교육적 가치이다. (심규선, 동아일보 2006. 9. 4)
- 공정택 서울시 교육감은 '뉴스메이커'다. 특목고 증설, 자립형 사립고, 국제중 등 수월성 위주의 정책 추진으로 교육부와 여러 차례 맞서 왔다. 수월성 교육을 강조하는 집단과 '교육 평등주의'를 추구하는 참여정부 간 갈등의 전위에 선 형국이다. (선근현, 경향신문 2006. 9. 5)
- 외고 열풍의 진정한 이유는 '우수한 교육환경에서 좀 더 나은 교육을 시키(받)고 싶다'는 수월성(秀越性) 교육에 대한 갈망이다. (정성희, 동아일보 2006. 10. 23)
- 한국이 하루빨리 평준화 집착에서 벗어나 수월성 위주의 교육을 실시해야 한다. (정미령, 국민일보 2006. 12. 13)
- 평등을 추구하는 평준화 정책과 수월성을 추구하는 특목고 정책이 우리 사회에서 갈등의 원천이 되었는데 이 갈등을 어떻게 해결하는가는 이제 전 국민적 관심사가 되었다. (경향신문 2007. 8. 6)

- 수월성(秀越性) 교육을 받고 국제경쟁력을 갖춘 인재가 많이 배출돼야 잘 사는 나라를 만들 수 있다. (동아일보 사설 2007. 10. 11)
- 서울시교육청이 2012년까지 영재교육 대상자를 1%로 늘리기로 한 제2차 영재교육종합발전계획을 발표한 것은 의미가 작지 않다. 수월성보다는 평준화를 강조했던 노무현 정부에서는 영재교육의 '영'자도 꺼내기 어려웠던 분위기를 감안하면 더욱 그렇다. 영재집단이 가진 창의력은 발굴되지 않은 광맥과 같다. 그 두뇌 속에는 앞으로 우리 국민이 먹고살 성장동력도 감춰져 있다. (동아일보 사설 2008. 3. 11)
- 수월성 교육은 문제풀이를 잘하는 학생들에게 특별한 교육 서비스를 제공한다는 것이다. 외국어고·과학고는 물론 자사고를 대폭 늘리고, 중등과정에도 국제중을 신설하겠다고 한 것은 이를 위해서다. (한겨레신문 2008. 7. 22)

일부 보수성향의 언론들에서는 교육적 평등성과 수월성이 모두 중요하지만 무한경쟁 시대에 국가의 경쟁력을 강화하기 위해서는 경쟁의 원리를 통한 교육 수월성을 더욱 강조해야 한다고 주장하며 수월성을 추구하는 방안으로 과학고나 특목고 같은 우수한 학교들을 설립해야 한다고 말한다. 반면 일부의 진보성향의 언론에서는 수월성을 목표로 설립된 외고, 과학고, 자사고 등으로 인해 사회적 갈등이 야기되고 있는 점에 주목하고 교육의 평등성을 보다 강화해야 한다고 주장하고 있다. 두 입장의 차이는 극명하게 대립되고 있지만 수월성을 보는 관점에서는 비슷한 점이 발견된다. 교육부의 보고서에 나타난 것처럼 수월성을 평등성과 대립되는 것으로 인식하여 선택의 문제로 보는 점이다.[3]

---

3) 물론 가끔 다른 관점으로 수월성을 보는 글이 언론에 나타나기도 한다. 즉 교육 수월성을 교육의 보편성, 평등성과 분리될 수 없다고 보는 견해이다. 예를 들면 다음과 같다. "수월성 교육은 일반 학교에서 추구해야 할 보편적 목표이지, 별도의 학교에서 별도로 추구해야만 하는 특별한 목표가 아니다." (한겨레신문 2008. 7. 22)

미국에서도 역시 수월성에 대한 담론은 매우 중요하게 다루어지고 있다. 그 논의를 촉발시킨 것은 1983년 미국의 '교육 수월성위원회(National Commission on Excellence in Education)'가 발표한 '위기에 처한 국가(A Nation at Risk)'라는 보고서였다. 그 보고서는 미국의 국가 경쟁력이 점차 쇠퇴하고 있음을 지적하고 그 원인으로 학교교육의 질적 저하를 꼽았다(NCEE, 1983). 학생들의 학업성취도가 점차 하락하고 있음을 여러 가지 자료를 통해 밝혀 미국민들에게 충격을 주었다. 이 보고서에서도 우리 나라와 마찬가지로 수월성 교육을 국가의 경쟁력 강화를 위한 중요한 방안으로 제시하고 있다. 그러나 수월성에 대한 추구가 일부 우수한 학생들을 위한 것으로 이해하지 않고 사회 전반적인 수준의 향상을 목표로 이루어지고 있고, 교육의 보편성 추구라는 가치에 토대를 두고 있다. 이러한 수월성에 대한 이해는 부시 행정부의 교육 개혁정책인 「No Child Left Behind」에서도 동일하게 나타난다. 이 교육정책은 교육의 수월성 향상을 위해 책무성 증대, 학부모의 선택권 증대, 교수방법의 개선 등을 강조하고 있다. 이 정책에 따르면 미국의 모든 학생들이 읽기와 수학에서 정해진 수준 이상의 성취를 하도록 요구하고 있고, 이를 이루지 못하는 지역교육구나 단위학교는 제제를 받도록 되어 있다. 여기서 나타나는 교육적 수월성이란 교육의 성취가 국가 수준에서 정한 기준에 도달하는 것이라는 이해와 모든 학생들의 학업성취와 관계하고 있음을 볼 수 있다. 미국인들의 수월성 추구에 대한 생각을 단적으로 나타내는 모토가 '모든 미국인들을 위한 교육 수월성(Educational Excellence for All Americans)'이다.

미국에서의 수월성 담론이 우리 나라의 것과 비교하여 보면 수월성의 개념을 보다 폭 넓게 이해하고 있긴 하지만 기본적으로 교육 수월성을 국가 경쟁력 향상의 수단으로 이해하고, 그 목적을 위해서 경쟁과 시장의 원리에 따른 수월성 추구를 강화하려고 한다는 면에서는 우리 나라와 별반 차이가 없다. 그러면 이러한 수월성 담론이 갖는 한계는 무엇이며, 이로 인해 야기되는 문제점은 무엇이 있겠는가?

첫째, 수월성의 개념이 대단히 편협하게 된다는 점이다. 수월성을 경쟁과 시장 원리에 따른 자유주의적 수월성 개념으로 이해할 때 수월성의 내용은 시험으로 평가 가능한 인지적 능력만을 고려하게 된다. 그리고 그 능력 가운데서도 국가 경쟁력의 강화에 도움이 되는 기술적 능력의 탁월성이 특히 강조될 것이다. 이렇게 되면 수월성을 프라카쉬(Prakash)와 웨익스(Waks) (1985)가 제시한 수월성의 네 가지 개념 중 기능적 숙련으로서의 수월성 정도만으로 이해하는 것이다. 이러한 수월성의 개념은 한 인간의 자아실현으로 발전하기도 어렵고 더구나 성숙한 사회 형성을 위한 책무성은 고려하지 않는 것이 된다.

둘째, 수월성과 평등성의 문제를 정치 쟁점화하여 그 본질을 왜곡시킨다. 교육 수월성과 평등성 추구를 보수적 이념 혹 자유주의의 추구와 진보적 이념 혹 복지주의의 추구로 이분화시켜 선택을 강요하는 경향이 있다(고경화, 2007). 이러한 경향은 교육 수월성을 엘리트 교육으로, 교육 평등성은 획일적 평등주의로 그 개념들을 협소하게 이해하도록 만들기도 한다. 나아가 이러한 관점은 종종 교육을 '엘리트교육' 대 '대중교육'으로 대립시키고 이러한 대립이 마치 소수 사람들에게 뛰어난 교육을 시킬 것인지, 혹은 다수의 사람들에게 낮은 수준의 교육을 시킬 것인지를 선택해야 하는 것처럼 오도하기도 한다(Gardner, 1977). 그러나 앞에서 설명한 것처럼 적합성으로서의 평등성 개념과 자기개발로 인한 장점으로서의 수월성 개념을 생각한다면 이 둘이 본질적으로 대립되는 것이 아니라 공존해야 하는 것임을 보여 준다.

셋째, 이러한 수월성 담론은 사회적 불평등을 더욱 고착화시킨다. 교육 수월성이 물질적, 사회적 성공으로 이어지는 교육적 성취와 관계하는 것으로 이해되어 수월성이 경쟁을 통한 사회적 불평등을 정당화시키고 있다(Purpel, 2007). 데이빗 퍼플(David Purpel)에 따르면 교육 수월성의 개념이 보응(deserving)의 원리를 정당화시켜 한 사람이 다른 사람에 비해 월등히 나은 보상을 받는 것을 당연한 것으로 생각하게 만든다는 것이다. 교육적 성취가 뛰어난 학생은 뛰어난 양질의 교육을 하는 영재학교에서 교육을 받고, 성취가 낮은 학생은 교육이 제대로 이루어지지 않는 학교에서 교육을 받는 것을 자연스럽게 받아들이도록 하는 것이 경쟁적 수월성 담론이다. 이러한 보응의 원리가 강화되면 인간의 존엄성과 자유조차도 개인적으로 획득해야 하는 것으로 이해하게 되고, 모든 인간의 자유와 정의를 위한 도덕적 헌신이 조롱받을 수 있다고 경고한다(Purpel, 2007).

III. 수월성에 대한 확장된 논의

앞에서 수월성에 대한 논의가 갖는 한계와 문제점들을 지적하였다. 이러한 한계들을 극복하기 위해서는 수월성에 대한 보다 타당성 있고 폭넓은 논의가 요구된다. 여기서는 앞에서 제시한 수월성 개념에 대한 정의를 기초로 하여 수월성에 대한 재개념화 작업을 시도하고자 한다. 수월성을 인간 개인이 갖고 있는 다양한 잠재능력의 개발과 발휘이며, 이는 공동체 내에서 공공선의 확립에 기여하는 자아실현으로 이어지는 것이라 하였다. 이러한 수월성에 대한 정의로부터 수월성의 세 가지 핵심 요소라 할 수 있는 수월성의 다양성, 수월성의 사회적 기여, 수월성의 도덕성 등을 도출해 낼 수가 있다. 이 세 가지 요소들을 여기서는 다양한 수월성, 사회적 수월성, 도덕적 수월성의 이름하에 논의하고자 한다. 이들 수월성의 세 가지 속성에 대한 논의는 앞에서 드러난 수월성 담론이 갖는 문제점들에 대한 극복의 가능성을 보여 준다고 할 수 있다. 이 세 가지 수월성에 대한 논의 후 수월성에 대한 성경적 이해를 제시함으로 수월성에 대한 기독교적 재개념화의 토대를 마련하고자 한다.

1. 다양한 수월성

가드너(1977)는 어느 한 분야에 한정된 수월성의 강조를 철저히 배제해야 한다고 주장한다. 그에 따르면 지적인 분야에서도 다양한 수월성이 있는데 예를 들면, 새로운 학설을 수립하는 종류의 지적 활동도 있고, 새로운 기계를 만들어 내는 지적 활동도 있다. 학생에게 무언가를 가르칠 때 효과적인 표현을 찾는 지적 활동도 있고, 연구를 본령으로 하는 지적 활동도 있다. 계량적인 연구에 탁월함을 발휘하는 지적 활동도 있고, 시적 상상력에 뛰어난 지적 활동도 있다. 지적인 분야 외에도 예체능, 공예, 인간관계, 기술적 작업, 지도자로서의 직무, 어버이의 책임감, 경영적인 수완 등에서도 수월성이 존재한다고 말하고 있다(Gardner, 1977). 또한 그는 인간의 성격 특성과 도덕 특성이 장래의 지적인 업적에 중요한 영향을 주기 때문에 성격과 도덕적 영역에서의 수월성도 중요하다고 말한다. 다양한 수월성에 대한 중요한 또 다른 논거로는 하워드 가드너(2001)의 다중지능이론이 있다. 그는 인간의 지능에는 언어지능, 논리수학지능, 음악지능, 신체운동지능, 공간지능, 대인지능, 자성지능, 자연지능 등이 있다고 한다. 이 이론에 따르면 인간지능에 있어서의 수월성은 지능의 종류만큼 다양화되어야 할 것이다.

그러나 현재 우리 나라에서 관심 갖고 있는 수월성 추구의 대상은 특정분야의 인지적 성취의 범주를 벗어나지 못하고 있는 실정이다. 그것도 표준화 시험에 의해 평가·비교 가능한 매우 협소한 인지적 능력만을 주 관심사로 갖는 경향이 강하다. 김경근(2006)은 학업성취 중심의 일원적, 수직적 능력관에 기초한 수월성 관점과 그것을 바탕으로 한 교육실천은 지식기반 사회에서의 시대적 적합성을 결여하고 있다고 지적한다. 학생들이 지닌 다양한 분야의 능력, 소질, 적성의 개발과 활용을 통해 성취될 수 있는 교육의 다양한 수월성은 교육의 평등성 추구와도 직결되는 것으로 대단히 중요하다고 말하고 있다. 표준화는 수월성의 결핍이라고 할 수 있다(고요한, 1989).

그런데 다양한 수월성의 당위성과 필요성을 강조한다 해도 이것이 사회적 정당성을 확보하기 위해서는 다양한 수월성 간의 수직적, 위계적 구분이 엄격하지 않아야 한다. 만일 지적인 영역에서의 수월성은 매우 우월한 것으로, 공예나 기술적 작업에서의 수월성은 열등한 것으로 취급된다든지, 혹은 논리수학적 지능에서의 탁월함은 높이 평가되고 대인관계나 자아성찰적 지능에서의 탁월함은 별로 중요시 여기지 않는 분위기가 사회적으로 고착화되어 있다면 다양한 수월성이 존재하더라도 그 의미는 반감될 수밖에 없을 것이다. 그러므로 다양한 수월성이 실제적으로 인정되기 위해서는 다양한 수월성을 위계적으로 보지 않고 다양하게 수용할 수 있는 사회적 조건을 확보하는 것이 중요하다(이윤미, 2006).

그러한 노력의 예를 프랑스의 경우에서 찾아볼 수 있다. 프랑스의 경우 오랫동안 지속되어 왔던 전통적인 엘리트주의적 중등교육 체제를 1970년대 이후 다양성을 기반으로 하는 평등화로 이행하기 위한 교육 개혁을 추구하고 있다. 수월성에 대한 수직적 기준이 유지되면서도 다양한 수월성들의 사회적 가치를 비교적 수평적으로 관리하기 위한 노력을 병행하고 있다. 이를 위하여 대학입학 자격인 바칼로레아를 다양화하여 직업 계열에 관심 있는 학생들도 직업 바칼로레아를 취득하여 대학에 진학할 수 있는 기회를 제공하고 있다. 그래서 헤어 드레서나 보험설계사가 되고자 하는 학생들은 자신이 정한 직업을 체계적으로 준비하고 그 직업의 수행에 우수성을 발휘할 수 있도록 교육과정이 상세화되는 등 국가의 지원이 이루어지고 있다. 즉, 선택과 다양성의 문제를 개인적 차원으로 취급하여 자유경쟁에 맡기기보다는 국가에 의한 지원 속에서 관리함으로 다양한 수월성을 보장하기 위한 노력을 국가가 기울이는 것이다(이윤미, 2002).

2. 사회적 수월성

수월성은 개인적 차원에서 추구해야 하는 가치일 뿐 아니라 사회적 차원에서도 성취되어야 하는 중요 목표이다. 수월성 추구는 개인의 차원을 넘어 인간 전체의 삶의 질과 사회 문화의 질적 수준을 향상시키는 데 공헌할 수 있어야 한다. 사회 전체의 격조는 뛰어난 소수에 의해 만들어지는 것이 아니고, 모든 사람들이 자신의 분야에서 훌륭한 업적을 추구하는 노력에 의해 결정되는 것이다(Gardner, 1977). 그러므로 수월성 교육은 일부 사람들만을 대상으로 할 것이 아니라 전부를 대상으로 각 개인의 잠재적 능력과 적성을 발휘할 수 있도록 하는 것이 중요하다. 그리하여 우리 사회의 높은 품격을 갖추기 위해서는 탁월한 물리학자도 필요하고, 탁월한 기능공도, 탁월한 초등학교 교사도, 탁월한 청소부도 필요한 것이다. 그런데 가드너(1977)는 사회의 성숙이 탁월성을 달성한 사람들에 의해서만 이루어지는 것이 아니라 탁월함을 달성하기 위하여 노력하는 사람들에 의해서도 이루어진다고 말한다. 이처럼 사회적 수월성은 모든 사회 구성원들이 다양한 수월성을 추구해 갈 때 성취될 수 있는 것이다.

이와 같이 사회적 수월성을 수월성의 중요한 본질로 볼 때 수월성의 개념을 협소하게 만들어서 평등성과 대립시키고 선택을 강요하는 수월성 담론의 허점을 볼 수 있게 된다. 소수에게만 뛰어난 교육을 시키는 엘리트 교육이나 다수에게 낮은 수준의 교육을 시키는 획일적 평등주의 교육은 선택의 대상이 아니라 극복의 대상이다. 이러한 교육으로는 사회적 수월성을 이룰 수 없으며 사회 전체의 격조를 향상시키지 못한다. 그리고 여기서 논의되는 사회적 수월성은 이 시대 주 담론인 국가 경쟁력을 위한 수월성과는 분명히 구분되는 개념이다. 국가 경쟁력 강화를 위한 수월성 교육에는 소수의 뛰어난 자에 대한 특별한 관심, 교육의 도구화, 지나친 경제중심주의 등의 사고가 내포되어 있다. 이에 비해 사회적 수월성은 모든 사람들의 능력 개발과 자아실현에 관심을 가지며 이는 결과적으로 사회의 높은 문화적, 심미적, 도덕적, 경제적 수준에 기여하게 되는 것임을 의미한다.

3. 도덕적 수월성

사회적 수월성을 성취하기 위해서는 개인의 수월성에 반드시 도덕적 수월성을 갖추고 있어야 한다. 아무리 탁월한 물리학자가 있다 하더라도 그의 탁월한 물리학적 연구가 개인의 탐욕을 위해 사용된다면 그 수월성은 사회적 품격을 높이는 대신 사회를 파괴하는 요소로 작용할 것이다. 그러므로 수월성에는 도덕적 수월성이 본질적 요소가 되어야 한다. 팔머(2006)는 지식의 영적, 도덕적 측면을 다루고 있는 그의 저서 「가르침과 배움의 영성」에서 최초로 원자폭탄을 개발한 최고의 과학자들이 보여 주는 도덕성이 결여된 우수한 지식의 위험성을 생생하게 보여 주고 있다. 또한 학문적 수월성에서조차도 학문적 신뢰성이나 정직성과 같은 도덕성이 바탕이 되지 않는다면 학문적 수월성도 이룰 수가 없다(이군현, 2000). 가드너(1977)는 도덕성을 갖지 않은 지성의 우수함은 결코 선이 될 수 없다고 한다. 수월성은 그 자체가 선일 수 없으며 올바른 생각을 토대로 할 때만이 선일 수 있다고 하였다. 지성적 측면에서나 다른 측면에서의 다양한 수월성이 사회적으로 인정받기 위해서는 진리, 미, 정의 등과 같은 사회적 가치에 공헌할 수 있어야 한다. 그래서 라이트(Lightfoot) (1987)는 학업적 우수성에 덧붙여 도덕적 성격, 심미적 특징 등의 중요성을 고려하여 수월성이란 용어 대신 선(goodness)이란 용어를 대신 사용할 것을 제안하기도 하였다.

도덕적 수월성이 수월성의 필수적 속성이어야 한다는 사실이 여러 분야에서 제기되고 있다. 먼저, 기업에서조차도 도덕적 수월성이 요구되는 윤리경영이 점차 중요하게 인식되고 있다. 전국경제인연합회의 조사에 따르면 조사대상 기업의 83%의 최고경영자들이 윤리경영을 하는 것이 기업의 경쟁력 강화에 도움이 될 것이라고 믿고 있는 실정이다(김병연, 2006). 기업의 고용주와 피고용주의 관계가 모범적이고, 환경 보호 등 사회적 책무성을 다하는 기업이 소비자들로부터 신임을 얻어 그 회사 제품이 잘 팔릴 수 있다는 것이다. 나아가 그러한 윤리적인 기업의 주식이나 채권에만 투자하는 윤리펀드의 등장으로 기업에서 도덕성의 중요성이 더욱 강조되고 있다고 한다(김병연, 2006). 한국 입시 문제를 비판적으로 검토하고 있는 책에서 조기숙(2007)은 미국 마이크로소프트사의 인사담당자와의 면담을 소개하며 도덕성 교육의 중요성을 강조한다. 즉, 능력이 탁월하지만 도덕성이 부족한 사람과 능력은 떨어지지만 도덕성이 탁월한 사람 중에 마이크로소프트사는 누구를 채용하겠는가라는 질문에 그 인사담당자는 당연히 후자라고 답하며 능력은 개발될 수 있지만 도덕성의 결함은 회사에 큰 손실을 입힐 수 있다고 답한 일화를 말하고 있다.

다음으로, 도덕적 수월성은 OECD가 제시하는 미래를 위한 학교교육의 목표와도 관계가 깊다. OECD는 오랜 연구를 통해 학교교육이 추구해야 하는 세 가지 핵심역량(key competencies)에 대한 보고서를 발표하였다.[4] 그 보고서에 따르면 세 가지 핵심역량 가운데 중요한 한 가지가 다원주의 사회에서 다른 사람들과 좋은 관계를 맺고 팀을 이루어 일을 할 수 있으며, 갈등을 관리하고 해결할 수 있는 능력이라고 하였다(OECD, 2005). 이러한 능력은 다른 사람에 대한 배려와 포용, 다양성과 차이에 대한 이해 등을 기반으로 하는 것이다. 사회가 점차 다원화되어 가는 상황에서 배려의 도덕성을 갖추지 않고서는 사회적 수월성을 성취하기 어렵다. OECD의 보고서 역시 '차이와 다양성'을 이해하고 이에 대응하는 도덕적 능력의 중요성을 강조하고 있다. 이러한 능력은 비슷한 적성과 능력을 가진 학생들만 모여 있는 학교에서는 길러지기 어

---

4) OECD와 스위스 연방통계국이 PISA와 연계하여 '역량의 정의와 선택 (DeSeCo) 계획'을 1997년 개시하여 2002년 작업을 완료하고 2003년 최종 보고서를 발간하였다(후쿠다세이지, 2008). 보고서는 인터넷 www.pisa.oecd.org/dataoecd/47/61/35070367.pdf 에서 볼 수 있다. 참고로, 본문에서 제시하지 않은 두 가지 역량은 언어, 기술과 같은 도구를 상호교류적으로 사용할 수 있는 능력과 자율적으로 행동할 수 있는 능력이다.

렵다고 본다. 학력이 높은 소수의 학생들을 분리하여 교육하는 분리적 교육체제보다는 다양한 가치와 능력을 가진 학생들이 자신과 다른 학생들과 함께 교육받음으로 자신과 다른 학생들을 수용할 수 있는 능력을 갖출 수 있는 교육이 수월성 교육에 필요하다고 할 수 있다(고경화, 2007).

4. 수월성에 대한 성경적 이해

앞에서 수월성의 본질적인 세 가지 요소들에 대해 논의하였다. 이러한 교육적 논의들은 성경에서 가르치는 교훈들과 크게 다르지 않음을 알 수 있다. 여기서는 성경에서 수월성을 어떻게 다루고 있는지를 고찰하기 위해 성경의 비유들과 인물들 그리고 성경 본문들을 살펴보고자 한다. 물론 성경은 교육적 수월성에 대해 직접 설명을 하지는 않는다. 그러나 기독교적 관점으로 수월성을 이해하는 데 중요한 원리들을 제공해 주는 부분들을 찾을 수 있다. 수월성에 대한 성경적 원리들을 다음과 같이 네 가지로 정리해 볼 수 있다.

첫째, 수월성은 다양성 가운데 조화를 추구한다. 성경은 수월성을 어떤 특정한 분야에서의 최고 수준으로만 제한하지 않는다. 대신 다양한 분야에서의 탁월함을 이야기하고 있고, 그 다양한 탁월함은 전체적으로 조화를 이루어야 함을 말하고 있다. 이러한 수월성의 특징을 잘 보여 주는 부분이 바울 서신에서 강조하는 지체 비유이다. 바울은 하나의 몸에 많은 지체가 있고 그 지체는 각각의 역할이 있으며 모든 지체들은 차별이 없이 모두가 소중하게 하나의 몸을 이룬다는 원리를 들어 그리스도와 교회와 성도의 관계를 설명한다(고전 12장). 한 몸에 있는 다양한 지체들 가운데 우수한 지체나 열등한 지체란 존재할 수 없다. 만일 어떤 지체가 기능을 탁월하게 수행하는데 다른 지체는 기능을 제대로 이행하지 못한다면 당장 전체 몸에 이상이 생겨 탁월한 지체에도 영향을 주게 된다. 그러므로 모든 지체가 각자의 영역에서 그 기능을 훌륭하게 완수할 때 비로소 전체 몸은 건강하게 유지될 수 있다. "하나님이 그 원하시는 대로 지체를 각각 몸에 두셨으니"(고전 12:18) 그 다양한 영역에서 개개인은 탁월함을 나타내기 위해 노력해야 하며 그 다양한 탁월함은 몸의 건강을 위해 조화를 이루어야 한다.

예수님이 말씀하신 달란트 비유(마 25:14-30) 역시 수월성의 다양성을 엿볼 수 있게 한다. 이 비유의 의도는 마지막 날 천국의 심판을 설명하기 위한 것이지만 이 비유를 통해 우리는 수월성의 성격을 엿볼 수 있다. 주인이 타국으로 가며 종들에게 돈을 맡기며 이윤을 남기도록 명했다. 그리고 오랜 세월 후에 돌아왔을 때 세 종들이 한 일을 보고 열심히 일을 하여 이윤을 남긴 두 종에게는 칭찬을 아끼지 않았고, 일을 하지 않고 돈을 땅에 묻어 두었던 한 명의 종에게는 심한 책망을 하였다. 그런데 이 비유에서 주목할 부분은 주인이 종들에게 돈을 맡길 때 동일한 금액을 맡기지 않았고 "각각 그 재능대로" 돈을 다르게 맡겼다는 점이다. 한 명에게는 1달란트(4억원), 다른 이에게는 2달란트(8억원), 또 다른 이에게는 5달란트(20억원)의 큰 돈을 맡겼다.[5] 그런데 주인이 돌아와서 회계를 할 때 사업의 결과 남긴 이윤의 금액에 따라 평가를 한 것이 아니었다. 두 달란트를 남긴 사람이나 다섯 달란트를 남긴 사람이나 똑같이 주인으로부터 칭찬을 받았다. 그리고 한 달란트 받은 사람이 책망을 받은 이유가 이윤을 못 남겼기 때문이라기보다는 보다 근본적으로 이 종이 주인에 대해 갖고 있었던 잘못된 앎과 불신 때문이었다(마 25:24-25; 김회권, 2008). 결국 주인이 종들에게 요구한 것은 자기들이 가진 재능이 다를지라도 주인에게 충성을 다하는(faithful) 마음으로 주인이 준 것을 최선을 다해 잘 사용하는 것이었다. 이 비유는 수월성이란 단지 단일한 기준에 의해 산술적 평균으로 나타낼 수 없으며 하나님이 주신 재능에 대해 신실한(faithful) 태도를 갖는 것과 밀접한 관계가 있음을 유추할 수 있게 한다.

둘째, 수월성은 공동체에 유익을 끼치는 것과 관계한다. 성경은 개인의 뛰

---

[5] 1달란트=6,000데나리온, 1데나리온은 하루 노동자의 임금. 1달란트는 대략 4억 원 정도의 돈이 된다.

어남을 이야기할 때 그것이 어떻게 공동체를 세우는 데 기여하는지에 관심을 갖는다. 사도 바울은 하나님께서 우리에게 주신 은사가 다양하고, 직임(service)도 다양하고, 역사(working)도 다양하다고 말한다(고전 12:4-6). 그러나 각자에게 맡긴 일을 감당할 수 있는 능력은 성령을 통해 나타난다고 하며, 하나님께서 각자에게 성령을 보내심은 공동의 유익을 이루게 하기 위함이라고 말한다(고전 12:7). 그래서 바울은 성도들에게 교회 공동체를 세우는 데 필요한 은사에 탁월할 것을 권면한다(고전 14:12 NIV). 바울은 디도에게 보낸 편지에서 탁월함이란 선한 일에 자신을 헌신하는 것이라고 말하기도 한다(딛 3:8 NIV).

셋째, 수월성은 하나님의 선물이다. 성경 속의 여러 인물들이 보여 주는 대단히 뛰어난 능력이 실은 하나님께서 그들에게 주신 선물임을 성경은 증언한다. 탁월함을 보이는 대표적인 인물로 다니엘서에 등장하는 다니엘과 네 친구들을 들 수 있다. 그들의 지혜와 총명의 우수함은 당대 모든 자들보다 훨씬 뛰어났다(단 1:20). 성경은 그들에 대해 다음과 같이 묘사한다.

> 하나님이 이 네 소년에게 학문을 주시고 모든 서적을 깨닫게 하시고 지혜를 주셨으니 다니엘은 또 모든 환상과 꿈을 깨달아 알더라(단 1:17).

그들의 이러한 탁월함은 하나님으로부터 받았다는 사실을 성경은 분명히 말하고 있다. 요셉 역시 당시 중요한 능력인 꿈을 해석하는 능력에서 어떤 누구보다 뛰어난 자이다. 요셉은 당대 최고의 전문가들도 해석하지 못한 바로 왕의 꿈을 해석하여 이집트의 총리가 되었다. 그러나 성경은 요셉의 그 꿈 해석 능력의 탁월함 역시 하나님으로부터 왔음을 적고 있다(창 41:16). 하나님께서 이러한 탁월함을 여러 인물들에게 주시는 이유는 그것을 통해 하나님의 백성들을 구원하는 데 사용하기 위함이었다. 요셉이나 다니엘의 뛰어난 능력은 결국 동족 이스라엘을 구하는 데 기여하게 되었다.

넷째, 죄는 수월성을 제약할 수 있다(권오병, 2005). 수월성은 하나님의 선물이기에 사람이 죄를 범할 경우 수월성은 훼손될 수 있다. 르우벤은 야곱의 장자로 능력에서 뛰어난 자이었으나, 그는 서모인 빌하와 간음하는 죄를 범하여 더 이상 탁월하지 못한 자로 전락하게 된다. 야곱은 죽기 전에 르우벤에 대해 다음과 같이 예언하였다.

> 르우벤아 너는 내 장자요 내 능력이요 내 기력의 시작이라 위풍이 월등하고 권능이 탁월하다마는 물의 끓음 같았은즉 너는 [더 이상]탁월하지 못하리니 네가 아버지의 침상에 올라 더럽혔음이로다 그가 내 침상에 올랐었도다(창 49:3-4).

죄로 인해 탁월성을 상실하는 다른 예로는 사울 왕을 들 수 있다. 그의 초기 인생에서의 인간적 겸손함과 왕으로서의 뛰어남(삼상 10-11장)은 인생 중반을 지나면서 스스로 제사를 드리고 전쟁 성과물을 멸절시키라는 하나님 말씀을 불순종함으로 그의 탁월함은 점차 상실되어 감을 볼 수 있다(삼상 15장). 특히 다윗을 시기하여 미워하는 마음에 사로잡힌 후 그는 한 인간으로서의 정상적인 판단을 하지 못하고, 다윗을 죽이려는 데 전념하다가 결국 블레셋과의 전투에서 크게 패배하고 자살로 생을 마감하는 비참한 결말을 맞이한다(삼상 31장).

이처럼 성경으로부터 수월성을 이해할 수 있는 원리들을 찾아볼 수 있다. 성경은 수월성이 각 개인마다 다양한 형태로 나타날 수 있음을 암시하고 있다. 그러나 그 다양한 수월성은 공동체를 위해 사용되어야 함을 강조한다. 왜냐하면 개인이 지니는 탁월함이란 하나님으로부터 나온 것이기 때문이다. 하나님께서 주신 잠재능력을 성실하게 개발하여 탁월함을 발휘하여 공동체에 유익을 끼치고 죄로 인해 그 탁월함을 상실하지 않도록 조심해야 함을 성경은 가르치고 있다.

5. 수월성에 대한 기독교적 재개념화

수월성은 무엇보다 지성의 다양한 측면에서나 그 밖의 다양한 분야에서 개인이 지니고 있는 잠재능력이 최대한 개발되어 발휘되는 상태라 하였다. 이를 다양한 수월성이라 한다면 이 다양한 수월성이 사회 전체의 높은 격조의 성취에 기여할 수 있어야 한다. 즉 개인의 다양한 수월성이 사회적 수월성에 공헌해야 한다는 것이다. 도덕적 수월성이 수월성의 본질적 요소로 자리 잡을 때 사회적 수월성에 기여하게 된다고 할 수 있다. 그러므로 수월성의 중요한 세 가지 본질적인 요소는 수월성에서의 다양성, 도덕성, 사회에 대한 기여를 들 수 있다. 이러한 요소들은 성경적 가르침에 의해서도 지지를 받는다고 할 수 있다. 성경의 달란트 비유나 지체 비유, 성경 전체에서 강조되는 (이스라엘과 교회) 공동체에 대한 강조 등은 수월성의 세 가지 요소를 정당화할 수 있는 근거가 된다. 그리고 이 세 가지 요소에 한 가지 덧붙일 수 있는 점은 수월성이 하나님의 선물로 주어진다는 사실이다. 수월성이 인간의 노력에 의해 성취되는 수준이라 할 수 있지만 그 잠재적 가능성은 하나님으로부터 나왔기 때문에 수월성을 하나님의 선물로 볼 수 있다고 할 수 있다. 수월성을 하나님의 선물로 이해한다는 것은 다음과 같은 두 가지 교육적 의미를 함축한다.

첫째, 수월성은 우리가 추구해야 할 책무성과 관계한다는 점이다. 달란트 비유에서 본 것처럼 하나님께서 우리 각자에게 선물로 주신 잠재능력을 개발하여 탁월하게 발현할 책임을 갖는다. 둘째, 지나친 능력주의(meritocracy)를 제어하는 기제가 된다. 우리가 지닐 수 있는 탁월한 경지가 사실 하나님의 선물이라는 고백은 자신의 수월성을 근거로 다른 이들에 비해 지나치게 높은 보응을 받는 것을 당연하게 여기는 사회에서 뛰어나지 못한 자들에 대한 배려를 보일 수 있는 근거가 된다.

이상에서 논의한 수월성의 원리들을 토대로 수월성의 개념을 기독교적으로 새롭게 도식화해 보면 〈그림 1〉과 같이 된다. 수월성에는 다양한 수월성,

[그림 1] 수월성의 기독교적 재개념화

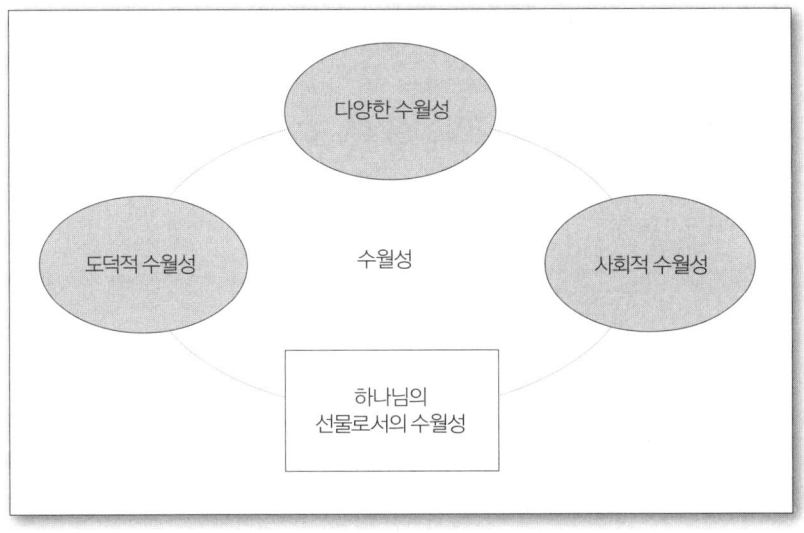

도덕적 수월성, 사회적 수월성이라는 요소들이 존재하며 이 요소들이 동시에 강조될 때 수월성은 그 본질적 의미를 드러낼 수 있다. 그런데 수월성은 근본적으로 하나님으로부터 오는 것이므로 이를 분명하게 인식하는 것이 수월성을 바르게 이해하는 요체가 된다고 할 수 있다. 즉, 하나님의 선물로서의 수월성은 수월성의 세 가지 요소들을 형성하는 기반이 된다고 할 수 있다. 수월성을 하나님의 선물로 받아들일 때 우리 각자는 자기에게 맞는 수월성을 추구하는 책무성을 갖게 되고, 그 수월성을 공동체를 위해 사용할 수 있으며, 수월성을 성취했을 때도 겸손하게 그렇지 못한 이들을 배려하는 모습을 갖게 될 것이다.

Ⅳ. 교육 수월성과 대학입시

앞에서 수월성 담론을 분석한 뒤 그 문제점들을 극복하기 위하여 수월성에 대한 보다 폭넓은 논의를 거쳐 수월성의 재개념화를 시도하였다. 그러나 수월성에 대한 올바른 이해나 새로운 개념 정립이 우리 나라의 교육활동을 정상화시키지는 못한다. 우리 나라에서 교육활동에 막대한 영향을 미치는 것은 대학입시이다. 대학입시는 고등학교뿐 아니라 심지어 초등학교와 유치원의 교육활동에도 대단히 큰 영향력을 행사한다. 그러므로 대학입시에서 무엇을 중시하는가와 어떻게 학생을 선발하는가 하는 문제는 전체 학교의 교육 내용과 교육 방법에 즉시 영향을 미친다. 여기서는 본 논문의 전반부에서 논의된 재개념화된 수월성을 어떻게 대학입시에 제대로 반영할 수 있는지 그 방안을 찾아보고자 한다.

입시로 인한 우리 나라 교육의 파행은 익히 잘 알려진 사실이다. 우리 나라의 한 원로 교육학자는 입시와 입시교육을 한국교육의 최대 암적 문제라고 진단하고 있다(정범모 외, 1993). 입시 문제의 개선을 위해 지금까지 엄청난 연구와 노력을 했음에도 불구하고 그 변화는 현장에서 미미하게 감지될 정도이다. 그럼에도 또 다시 여기서 우리 나라의 대학입시에 대한 논의를 덧붙이는 것은 현재의 대학입시제도로는 많은 학생들에게 불행을 가져다 줄 뿐 아니라 우리 사회의 미래도 어두울 것이라는 절박감 때문이다. 그래서 이 연구를 통해 학생들의 다양한 잠재력을 개발하고 미래 사회에서 요구하는 도덕성과 역량을 갖추어 가는 교육을 추구하는 대학입시가 되기를 기대하는 마음으로 현 입시를 다시금 반성하고 그에 대한 개혁방안을 제언하려고 한다.

1. 우리 나라 대학입시제도의 변천과 특징

우리 나라 대학입시제도는 대한민국 정부수립 이후 많은 변화를 겪어 왔다. 정부가 바뀔 때마다 산적한 교육 문제를 해결한다는 명분으로 입시제도를 개편하여 왔다. 우리 나라 입시제도의 변천과정을 보면 학생선발권을 두고 국가와 대학이 연속적으로 주고받는 과정임을 알 수 있다(성기선, 2007; 정범모 외 1993). 본 논문에서는 현재의 입시제도와 비슷한 틀이 형성된 1994년 이후의 입시제도를 중점적으로 고찰하려고 한다. 먼저 1994년 이후 오늘날까지 대학입시에서 가장 중요하게 작용하고 있는 대학수학능력시험에 대해 살펴볼 것이고, 다음 2002년 이후 실시되고 있는 현 입시제도를 종합적으로 검토할 것이다.

대학수학능력시험은 1981년 입시부터 1993년 입시까지 실시되었던 대학입학학력고사에 대한 문제점들이 지적되어 1994년 입시부터 등장하게 되었다. 학력고사(achievement test)는 고등학교에서 배운 교과별 학업 성취를 평가하는 것이고, 수학능력시험(scholastic ability test)은 대학에서 수학할 수 있는 능력을 측정하기 위해 여러 영역별로 통합교과적 소재를 바탕으로 사고력을 평가하는 것이다. 13년 동안이나 유지되어 온 학력고사가 폐지된 데는 학력고사가 지니고 있었던 다음과 같은 문제점에 연유했다(박도순, 장석우, 1993). 첫째, 학력고사는 창의성이나 분석적 사고, 종합적 사고와 같은 고차적 정신 능력을 측정하는 데 미흡했다. 둘째, 단편적 지식이나 사실의 이해를 중시하게 되어 학교에서 주입식, 암기식 교육이 더욱 강화되었고, 그로 인해 학교교육의 질적 저하를 초래했다. 셋째, 학력고사에는 전인적 발달과 관련되는 부분이 없어 학교에서는 전인교육에 더욱 소홀하게 되는 현상이 나타났다. 넷째, 고교 내신이 측정하는 능력과 유사한 능력을 측정함으로 대학 교육의 적격자를 선발하는 기능 면에서도 비효율성이 지적되었다.

이러한 문제점을 개선하기 위하여 대학수학능력시험이 4년에 걸쳐 연구, 개발, 실험평가 되었고, 1994년 입시부터 정식적으로 채택되기에 이르렀다. 1994년 당시 수능시험은 언어, 수리, 외국어(영어) 3개 영역이던 것이 현재는 언어, 수리, 외국어(영어), 사회탐구/과학탐구/직업탐구, 제2외국어/한문 등의

5개 영역으로 확대되었고, 영역과 과목 면에서 학생들의 선택권을 대폭 부여하는 형태로 실시되고 있다.

수능시험이 제도화되어 실시된 지 10년이 지난 시점에서 수능시험을 출제하고 있는 한국교육과정평가원과 한국교육개발원은 함께 대학수학능력시험에 대한 개선안을 위한 공동연구를 실시하였다. 그 연구보고서에는 수능에 대한 냉혹한 비판을 담고 있다. "현행 수능시험은 우리 나라 초·중등학교 교육의 다양화, 전문화, 특성화에 기여할 가능성이 거의 없다."고 평가한다(이종승 외, 2004: 41). 교육의 다양화, 전문화, 특성화는 21세기 지식·정보화 사회에서 요구되는 교육의 방향인데 현재의 수능시험은 그것에 역행하고 있다는 것이다. 보고서는 수능 외에 다른 대안적 시험이 없는 현 상황에서 모든 학교들이 수능에만 몰두하게 되어 교육 내용, 교수·학습·평가 방법 등이 획일화, 대중화, 표준화되어 학교교육이 전문화, 다양화될 수 없다는 것이다.

그 보고서는 수능시험의 성격의 애매성에 대해서도 지적한다. 원래 수능시험은 대학 교육에서 수학할 수 있는 능력을 측정하고자 한 것이지만 점차 고등학교 교육과정에 토대한 과목별 성취수준의 평가가 가미되어 학력고사의 성격과 학업적성검사(scholastic aptitude test)의 성격을 함께 갖게 되어 그 성격이 모호한 측면이 있다는 것이다(성기선, 2007; 이종승 외, 2004). 그리고 대부분의 학생들이 응시하는 언어영역과 외국어 (영어)영역은 범교과적 소재를 바탕으로 사고력 중심의 문제가 출제되는데 이는 학교교육에서의 교과 내용과 불일치하여 학생들로 하여금 사교육에 더욱 의존하게 만드는 요소로 작용하게 된다고도 지적한다.

그리고 수능시험의 내용에 있어서의 특징은 학생의 수준과 특성에 관계없이 한 종류의 시험밖에 없다는 점과 문항의 형태가 소수의 단답형을 가미한 선다형이라는 점이다. 학생들의 수준과 특성에 따라 선택할 수 있도록 쉬운 수준의 시험과 어려운 수준의 시험을 나눌 수 있고, 학력고사와 학업적성검사를 별도로 실시할 수도 있다. 미국의 경우 대학입시를 구성하는 SAT I은

쉬운 수준의 학업적성시험이고, SAT II는 중간 수준의 과목별 학력고사이고, AP(Advanced placement) 시험은 어려운 수준의 학력고사이다(이종승 외, 2004). 문항의 형태에서 서술형과 논술형 문제가 없다는 것은 수능이 깊이 있는 통합적 사고력을 평가하는 데 한계가 있음을 보여 준다. 참고로 영국의 대학입학시험에 해당하는 GCSE(General Certificate of Secondary School)나 A-레벨에서는 수행평가나 주관식 지필고사가 중요한 평가방식이다(이병곤, 2007). 그리고 프랑스의 입시인 바칼로레아가 고등사고력을 평가하는 논술식 시험인 것은 잘 알려진 사실이다.

다음으로 2002년부터 지금까지 실시되고 있는 현행 대학입시제도를 종합적으로 살펴보고자 한다.[6] 현 입시제도의 큰 특징은 입시가 학생들의 다양한 적성과 특기를 고려한 다양한 선발 방식을 채택하고 있어 소위 '한 줄 세우기'가 아닌 '여러 줄 세우기'를 지향하고 있다는 점이다. 그리고 전형 방법의 많은 부분을 대학에 일임하여 대학의 학생 선발의 자율권을 확대시켜 주고 있다. 실제 2005년 대학입시의 경우 특기자 전형, 취업자 전형, 실업계고교 학생 전형, 농어촌 학생 전형을 포함한 특별전형을 통해 전체모집 인원의 36.6%의 학생을 선발하였고, 학생생활기록부와 면접을 중심으로 보는 수시모집에

---

[6] 입시의 전형자료와 전형방법의 주요 내용은 다음과 같다(양승실, 2004).
   가. 전형자료
     - 고등학교 생활기록부(반영여부, 반영방법, 반영비율은 대학의 자율에 맡김)
     - 수학능력시험 성적
     - 대학별 고사 성적(논술 등 필답고사, 면접·구술고사, 신체검사, 실기·실험고사 및 교직 적성·인성 검사 등)
     - 기타전형 자료(자기소개서, 지원동기서, 학업계획서, 교과 외 활동 등 교과 성적 외의 자료는 대학별로 교육이념, 모집단위의 특성 등에 따라 학생의 다양한 소질과 적성이 반영될 수 있도록 활용함)
   나. 전형방법
     - 일반전형: 일반학생들을 대상으로 보편적인 교육적 기준에 따라 학생을 선발하는 전형
     - 특별전형: 특별한 경력이나 소질 등 대학이 제시하는 기준 또는 차등적인 교육적 보상기준에 의한 전형이 필요한 학생을 대상으로 선발하는 전형
      취업자 특별전형, 특기자 특별전형(문학, 음악, 체육, 무용, 미술, 수학, 과학, 건축, 컴퓨터, 어학, 한자 등에서 우수한 재능을 보인 학생), 교장(교사) 추천전형, 공무원 및 자녀, 국가유공자, 농어촌 지역 학교 학생, 특수교육대상자, 실업계고교 졸업생, 재외국민과 외국인 전형 등

서 42%의 학생을 선발함으로 전형 방법의 다양화가 자리 잡아 가고 있음을 알 수 있다.

그런데 입시제도에 대한 학교 교사들과 학생들의 반응은 그다지 긍정적이지 못하다. 현 입시제도가 갖는 특징 및 문제점은 다음과 같이 지적되기도 한다(양승실, 2004).

첫째, 대입전형의 다양화가 오히려 사교육의 영역을 확대하고 있다는 지적이다. 대입전형이 대학에 따라 다르고 복잡하다 보니 입시 정보가 중요하게 되고 입시정보를 전문적으로 다루는 사교육이 발달하게 된다. 또한 대학에서 실시하는 논술과 면접은 학교에서 대개 준비를 시켜 주지 못하고 있기 때문에 학생들은 학원을 찾을 수밖에 없고, 수능 역시 범교과적, 탈교과적 성격을 갖기 때문에 학교의 교과 내용만으로는 부족하다고 인식하고 있다. 이처럼 사교육의 축소를 목표로 한 현 입시제도가 거꾸로 사교육을 확대시킴으로 지역과 계층에 따른 교육 격차가 더욱 심화되는 결과를 낳고 있다.

둘째, 현 입시제도는 학교교육의 정상화에 기여하지 못하고 있다. 비교과 영역이 원래의 취지에서 벗어나고 있다. 봉사활동은 형식화되어 입시를 위한 시간 채우기로 변질되고 있고, 학생생활기록부의 비교과 영역 기록이 학생의 입시에 유리하도록 미화되어 학생들의 특징을 정확하게 나타내 주지 못하고 있다. 수능에서 제외되는 학교 교과는 종종 무시되기도 하고 수업 방식에 있어서도 주입식, 유형별 문제풀이식의 전통적 방법들로부터 벗어나지 못하고 있다.

셋째, 입시 전형 방법과 학교의 교육과정이 불일치하는 면이 있다. 대학의 전형 방법은 다양화되어 학생들의 특기에 따라 지원할 수 있는 길이 열려 있지만, 학교에서는 학생들의 특기, 적성을 조기에 발견하여 개발할 수 있는 교육과정이 없는 실정이다. 이러한 상황에서 학생들은 현재 다양화된 입시 전형으로 인해 오히려 중압감을 느낀다고 한다.

넷째, 다양한 전형 방법으로 대학에 입학한 학생들의 학력 차이가 심화되고 있다. 특히 일반전형으로 입학한 학생과 특별전형으로 입학한 학생 간의 내신점수나 수능점수의 차이가 심한 편이다. 그럼에도 대학에서는 낮은 학력의 입학생들을 위한 특별교육 프로그램을 제대로 갖추고 있지 못하다.

2. 수월성의 관점에서 본 현행 대학입시의 문제점

앞에서는 우리 나라 입시제도의 일반적인 특징과 문제점들을 살펴보았다. 여기서는 특히 이 논문에서 재개념화한 수월성의 관점에서 입시의 문제를 고찰하고자 한다. 즉 대학입시가 다양한 수월성을 제대로 반영하고 있는지, 사회적 수월성과 도덕적 수월성이 입시로 인해 강화되는지 아니면 오히려 약화되는지를 살펴볼 것이다. 먼저, 우리 나라 대학입시와 다양한 수월성의 관계에 대해서는 제도적으로 많은 발전이 있었지만 실제에서는 여전히 미흡한 면이 많음을 지적할 수 있다. 2005학년도의 입시에서 특별전형으로 입학한 학생의 수가 전체 입학생의 36.6%라는 사실은 학생들을 선발하는 데 있어 그만큼 다양화된 방법을 사용하고 있음을 알 수 있다. 특별전형 가운데 특히 특기자 전형은 학생들의 다양한 재능을 고려하여 대학에서 학생들을 선발하는 방법으로 다양한 수월성을 촉진하는 데 기여할 수 있는 제도라 할 수 있다. 각 대학들은 문학, 음악, 체육, 무용, 미술, 수학, 과학, 외국어, 건축, 컴퓨터 등 다양한 분야에서 우수한 재능을 보인 학생들을 선발한다. 그런데 실제 대학들이 중요하게 고려하여 많은 인원을 뽑는 분야는 수학과 과학, 외국어 특히 영어 능력의 탁월함을 인정하여 선발하는 분야이다. 이러한 능력들은 일반 전형에서도 중요하게 간주되어 높은 배점을 갖는 요소들임을 감안할 때 우리 나라 입시가 특정 분야의 재능을 특별히 높이 인정하고 있음을 보여 주는 셈이다. 이는 다양한 수월성 간에 위계적 차이가 있음을 은연중에 정당화하는 것으로 다양한 수월성을 약화시키는 결과를 낳는다고 할 수 있다.

그리고 입시에서 중요한 요소로 작용하는 수능시험과 고교 내신성적 역시 다양한 수월성을 고취시키는 데 크게 기여하지 못하고 있다. 선다형 문제가 주가 되어 있는 수능시험은 창의력, 탐구력, 비판적 사고 같은 고차적 사고 능력을 측정하는 데 한계가 있기 때문에(정범모 외, 1993; 홍후조, 2004) 주로 수능시험을 대비하여 학습이 이루어지는 학교교육에서는 고등사고능력의 향상을 목표로 하기보다는 수능시험을 대비한 반복적인 문제풀이식의 학습이 이루어지고, 이로 인해 학교에서는 수월성과는 거리가 먼 교육이 시행된다고 할 수 있다. 더구나 내신에서 중요한 부분을 차지하는 중간, 기말고사 역시 암기한 교과내용을 확인하는 식의 문제가 주를 이루고 있고, 창의성과 문제해결력 등을 평가할 수 있는 수행평가마저도 매우 형식적으로 이루어지거나(김석우, 2007) 학교에서 배우지도 않은 악기연주를 평가하는 식으로 되어 수행평가로서의 기능을 제대로 살리지 못하고 있는 실정이다. 이런 상황에서 학교교육은 문제풀이식의 일제식 수업 방식이 선호되고 있고, 다양하고 새로운 교수방법이 시도되고 있지 못한 실정이다(양승실, 2004). 또한 모든 혹은 많은 과목의 우수한 성적을 토대로 선발을 하는 입시 구조이기 때문에 한 분야에 특별한 재능이 있지만 다른 분야에서는 성적이 낮을 경우 입시에서 성공하기가 어려운 실정이다. 이와 같이 현재의 입시제도는 학생 개개인이 지니고 있는 다양한 재능들을 충분히 개발시켜 주기에는 매우 부족한 실정인 것을 알 수 있다. 그래서 우리 나라 대부분의 고등학생들은 자신의 적성과 특기에 맞게 학교에서 진로지도가 이루어진다고 생각하지 않는다. 심지어 교사들 역시 80% 이상이 학생들의 적성과 특기에 맞는 진로지도가 잘되고 있다고 생각하지 않는 실정이다(양승실, 2004).

다음으로 우리 나라의 대학입시가 사회적 수월성과 도덕적 수월성을 고취하는 역할을 하고 있느냐의 문제에 대해서도 긍정적인 답변보다는 부정적인 답변이 많은 것이 사실이다. 현 대학입시제도 가운데 실시되고 있는 특별전형 중 기초생활 수급자 전형, 소년소녀 가장 전형, 농어촌 학생 전형, 전문계학교 졸업생 전형, 지역균형 선발 전형 등은 사회적 수월성에 기여하는 제도일 수 있다. 여러 가지 사회적 조건이 불리하여 고등학생의 수준에서는 뛰어난 재능을 덜 발휘했다 하더라도 대학에서 능력의 우수함을 개발할 기회를 부여하는 것은 전 사회적인 성장을 위해 바람직하다고 할 수 있다. 그러나 특별전형을 통해 그러한 학생들을 선발하는 것만으로는 사회적 수월성에 기여한다고 단언할 수 없다. 그 제도가 사회적 수월성에 공헌하기 위해서는 대학이 그러한 학생들에 대한 관심을 기울여 그들이 대학에서 그들의 능력을 충분히 발휘할 수 있도록 돕는 제도적 장치가 마련되어야 한다.

국가에서 실시하는 선다형 시험인 수능시험을 통해서 도덕적 수월성이나 사회적 수월성을 고취하기에는 근본적인 한계가 있다. 반면 고교 생활기록부상에서나 면접, 논술과 같은 대학별 고사에서 도덕적 수월성과 사회적 수월성을 평가함으로 학생들에게 그러한 것의 중요성을 인지시킬 수 있다. 그러나 현 입시에서 내신성적을 대부분 결정하는 교과 영역 성적에서는 학생들의 도덕성이나 학습에 대한 흥미, 자신감, 자기주도적 학습 태도 등 정의적 요소를 중요하게 평가하는 부분이 거의 없다고 할 수 있다. 간혹 수행평가를 위해 팀 과제를 제시하여 함께 협력하는 능력을 평가하기도 하지만 매우 미미한 실정이다. 비교과 영역에서조차도 봉사활동 등이 형식적으로 실시되어 원래 의도한 것과는 달리 학생들의 도덕성 함양에 별로 도움을 주고 있지 못하다. 그리고 각 대학에서 실시하는 논술고사나 적성검사 역시 학업적인 면을 강조하고 도덕적인 면이나 정의적 측면은 간과하는 경향이 있다. 대학에 따라 면접에서 학생들의 사회성, 도덕성, 리더십 등을 질문하는 경우도 있지만 대학별 고사에서 워낙 비중이 낮아 대학별 고사를 통해 도덕적, 사회적 수월성을 고취한다는 것이 현실적으로 매우 힘든 상태임을 알 수 있다.

요약을 하면 현행 대학입시제도는 형식적인 면에서 다양한 수월성이나 도덕적, 사회적 수월성을 강조할 수 있는 여지가 있지만 실제적인 면에서는 그다지 수월성 추구에 큰 도움을 주지 못하는 실정이다. 학생들의 다양한 적성과 특기를 고려하여 선발하거나 학생들의 불리한 사회적 환경을 고려하는 특별전형 제도, 학생들의 고교생활에 대한 종합적인 평가를 하도록 되어 있는 학생생활기록부, 직접 학생을 대상으로 말이나 글로써 자신을 표현하게 하는 대학별 고사는 앞에서 개념화된 수월성을 반영할 수 있는 여지가 매우 많은 제도이다. 그러나 실제는 이러한 다양한 제도들이 학생들의 다양한 잠재능력을 개발시킨다든지 도덕적 성품을 심화한다든지 하여 전 사회의 성숙에 공헌하게 하는 데 크게 기여하지 못하고 있다고 할 수 있다.

3. 수월성을 추구하는 대학입시의 개혁

대학입시가 우리 나라에서 수월성을 강화시키는 방향으로 작용하기 위해서는 입시제도의 개혁뿐 아니라 개선된 입시제도가 정착할 수 있는 사회적 여건 조성이 필요하다. 그러므로 우리 나라의 입시를 이야기할 때 단순히 입시제도의 개혁에 대해서만 논의하는 것은 근본적인 논의가 될 수 없다. 그래서 여기서는 입시제도의 개혁안과 더불어 사회전반의 변화에 대해서도 함께 논의하도록 하겠다.

첫째, 입시제도 개선과 관련해서 수능시험에 서술식·논술식 문제를 포함시키되, 점차적으로 수능의 비중을 축소하고, 고교내신의 비중을 증대시켜야 한다고 생각한다. 앞에서 말한 것처럼 선다형 시험형태로는 창의력이나 문제해결력 등을 측정하는 데 한계가 있으므로 수능이 수월성 교육에 기여하기 위해서는 수능에 서술식·논술식 문제를 포함해야 한다. 그런데 지금까지 서술식·논술식 문제를 수능에 포함시키려고 했을 때 가장 큰 문제가 되었던 것이 평가의 공정성, 객관성 문제였다. 평가의 객관성은 가능한 확보하는 것이 필요하지만 평가의 타당성을 희생하면서까지 고집할 것은 아니다(정범모 외, 1993). 오랫동안 대학입시에 서술·논술식 시험이나 수행평가를 중요하게 반영하고 있는 영국이나 프랑스의 경우에도 평가의 객관성 논란이 있음에도 불구하고 학생들의 고등사고력을 평가하는 데 주관식 시험이 반드시 필요하다는 신념으로 지금까지 지속적으로 시행하고 있다(이병곤, 2007). 그런데 우리 나라에서는 이들 나라와 달리 서술·논술식 문제를 수능에 넣기 어려워하는 이유가 사회적 신뢰의 부족과 관계한다. 주관식 문제에 대한 채점을 어떻게 믿을 수 있느냐는 것이다. 이 신뢰의 문제는 입시제도의 정상화에 방해되는 핵심적인 문제이기도 하다. 수능 채점에 대한 사회적 신뢰를 확보하기 위하여 노력하는 동시에 점차적으로 입시에서 수능의 비중을 줄여 가야 한다. 수능의 비중을 줄이거나 아예 없애자는 교육 개혁 방안은 이미 수차례 제기된 바 있다(송인수, 2004; 홍후조, 2004). 수능 대신 고교 내신을 선발기준으로 삼자는 것이 많은 개혁안의 핵심 주장이다. 국가 표준화시험인 수능은 학생들의 다양성을 고려하기도 어렵고 도덕성 평가도 힘들기 때문에 점차 줄여 가는 것이 수월성의 관점에서도 필요하다고 생각한다.

    사실 잘만 운영된다면 고교 내신이야말로 학생들의 수월성을 신장하는 데 유용하게 활용할 수 있는 평가방안이 될 수 있다. 학교에서는 학생들의 다양한 능력의 성장을 가까이서 관찰할 수도 있고, 다양한 측정도구를 사용하여 잘 드러나지 않은 잠재력까지 평가할 수 있다. 더구나 성취에 중요한 영향을 주는 학업에 대한 동기라든지 열정까지 평가에 고려할 수 있을 것이다. 이러한 평가방안들은 수월성의 신장을 위해 매우 중요한 요소라 할 수 있다(박성익, 2006; VanTassel-Baska, 1997). 그러나 현재의 고교 내신은 앞에서 지적했듯이 학생들의 수월성 신장에 별로 도움을 주지 못하고 있다. 단순 사실의 암기여부를 평가하는 시험이며, 학생 상호 간에 경쟁을 조장하는 분위기며, 점수를 얻기 위한 형식적인 봉사활동 등은 고교 내신의 비중을 늘리는 데 장애요소로 작용하는 것들이다. 고등학교의 입장에서는 평가의 객관성을 확보하지 않으면 학부모나 대학으로부터 불신을 당하기 때문에 지금과 같은 방식으로밖에 할 수 없다고 말한다. 대학 역시 학교가 하는 평가 방식을 알고 있고, 과거에 학교가 보여 준 성적 부풀리기 등의 비도덕적 행태로 인해 학교를 신뢰할 수 없어 내신의 비중을 늘리기 어렵다는 입장이다. 이러한 악순환으로부터 벗어나는 길은 복합적으로 이루어져야 하지만 먼저는 고등학교에 학생 평가권의 자율성을 대폭 부여하고 고교 내신의 비중을 증대시키는 것이 필요하다. 고교 내신의 비중을 늘리는 것이 수능과 같은 표준화시험이 하기 어려운 학생들의 다양한 수월성이나 도덕적, 사회적 수월성을 추구하는 평가의 가능성을 여는 길이 될 것이다.

둘째, 고교 내신의 비중을 늘리는 동시에 고등학교교육의 내실화와 정상화를 반드시 이루어야 한다. 내신이 학생들의 수월성 신장에 기여하기 위해서는 현재와 같은 전통적이고 획일적인 학교교육과 평가로서는 어렵다. 학교의 교육과정이 단지 시험을 준비하는 과정으로 구성되어서는 안 되며 학생들이 지니고 있는 다양한 재능들을 개발시켜 주고, 학생들의 개발된 능력을 사회 공동체를 위해 사용할 수 있도록 도덕성을 길러 주는 과정으로 되어야 한다. 학교교육의 정상화를 위해 우선적으로 시도할 수 있는 것은 교수 방법의 변화이다. 많은 학자들이 다양한 수월성을 성취할 수 있는 방안으로 제시하는 것이 개별화 맞춤식 교육이다(김경근, 2006; 박성익, 2006; 박종필, 2005). 개별화 맞춤식 교육을 위해서는 교사 중심의 일제식, 문제풀이식 교육으로부터 벗어나서 학생 중심의 탐구식 수업으로 교수방법을 바꾸는 것이다. 학생 각자의 개성에 맞게 학습주제와 방법을 선택하게 하고 깊이 있게 탐구할 수 있도록 교사가 도와주면 각 학생들은 자신의 탐구과정을 통해 자신의 능력을 개발할 수 있을 것이다. 여기에 팀별 과제를 부과하여 함께 탐구하게 하면 상호관계능력이나 타인에 대한 배려를 배울 수 있어 수월성 교육에 도움이 될 것이라 생각된다. 이러한 교육 방법은 평가에도 그대로 반영되어 학업 성취의 결과뿐 아니라 공부하는 태도와 열정, 자아효능감과 흥미도, 자기주도 학습 능력, 앎의 실천 정도 등과 같은 학습의 과정과 정의적인 측면까지 평가를 할 수 있어 학생에 대한 전면적인 평가가 가능할 수 있을 것이다.

그러나 이러한 교육 방법이나 평가는 교사들의 부단한 연구의 결과로 얻을 수 있는 성과물들이다. 이런 교육적 성과는 위로부터의 제도개혁에 의해 성취되기는 어렵다. 오히려 학교교육의 변화에 대한 문화적 접근이 효과적일 수 있다(허병기, 2000). 즉, 교사들 스스로 학교교육의 변화에 대한 필요성을 느끼게 하고 변화를 위한 작은 시도를 하게끔 하는 것이다. 그러한 작은 시도들이 학교의 문화로 정착될 때 학교교육은 큰 변화를 경험하게 된다. 수업개선을 위해 시도해 볼 수 있는 방안으로는 비교적 잘 정착되어 가는 교사 자율연수를 통하는 것이다. 자율연수에 수월성에 대한 논의나 수월성을 위한 교수방법의 개발에 대한 프로그램을 넣을 수 있을 것이다. 이와 함께 사토마나부(2001; 2006)가 소개하고 있는 '수업연구회' 활동 역시 수월성을 추구하는 교수방법을 개발하는 방안으로 활용할 수 있을 것이다.[7]

셋째, 입시제도의 개혁안이 정착할 수 있도록 우리사회의 건강한 문화 형성과 사회구조의 변화를 위한 지속적인 관심과 노력이 요구된다. 앞에서 제시한 개혁안들이 이전에도 제기되고 실시되기도 했지만 별다른 효과를 보지 못한 이유는 입시제도의 변화와 함께 동반되어야 하는 사회적 변화가 미미했기 때문이다. 사회적 변화와 관련하여 여기서는 사회적 신뢰성 확보와 학력(學歷)주의, 학벌(學閥)주의적 사회구조의 개선에 대해 생각하기로 하겠다. 앞에서 언급한 대로 사회적 신뢰성의 결여는 대학입시의 개선에 심각한 걸림돌이 되고 있다. 학교 담당자들이 먼저 정직하게 학생들을 평가해야 하며 사회와 대학은 학교에서 행사하는 학생에 대한 평가를 믿고 그대로 수용할 수 있어야 한다. 불신의 문화가 가득한 사회에서는 정직하게 하는 것이 손해를 보는 것처럼 인식되기 때문에 정직을 실천하는 것이 어렵다. 그러므로 먼저 기독교학교가 손해를 감수하고라도 정직하게 학생을 평가해야 하며 기독교대학 역시 학교의 평가를 신뢰하는 모범을 보일 필요가 있다. 그래서 우리 사회에 신뢰의 문화를 형성하는 것이 입시제도의 개혁에 성공하는 필수적인 조건이 될 것이다.

---

7) 수업연구회는 교사들이 자신의 수업개선을 위해 자발적으로 모임을 만들어 수업공개를 하고, 공개된 수업을 함께 관찰한 후 형식에 얽매임 없이 토의하는 모임을 말한다. 우리 나라에서도 이우학교를 비롯해 여러 학교에서 시도를 하여 성과를 보고 있다.

우리 나라에서 학력(學歷)주의와 학벌(學閥)주의가 입시 문제의 원인이라는 사실은 많은 이들이 동의하는 바이다. 학력과 학벌이 사회적 성공의 주된 방도가 되는 사회에서는 학력과 학벌을 얻기 위해 치열한 경쟁이 일어날 수밖에 없다. 학력이나 학벌을 통해 얻게 되는 성공의 결과가 사회적 부와 권력을 독점하는 것이고, 학력이나 학벌을 얻지 못할 때는 생존의 위협까지 느끼게 되는 상황이면 경쟁은 더욱 비인간화될 수밖에 없다. 그러므로 입시 문제의 핵심에는 학력주의·학벌주의와 승자독식주의를 정당화하는 사회 제도가 놓여 있다. 이러한 문제는 성경이 중요하게 다루는 사회정의의 문제와 약자에 대한 배려와 깊은 관련성이 있다. 그러므로 입시 문제를 해결하려는 노력에는 과정적 정의나 분배적 정의와 같은 사회 정의가 제도화되도록 노력하는 실천이 포함되어야 한다. 수월성을 하나님의 은혜로 이해하는 기독교적 관점은 학벌주의 사회를 완화시킬 수 있는 근거로 작용할 수 있다. 즉, 뛰어난 능력으로 사회적 권력과 부를 확보할 수 있는 지위에 있다 하더라도 그러한 능력이 하나님의 은혜임을 기억할 때 약자에 대해 배려를 할 수 있고, 이러한 배려를 사회 제도로 정착시킬 수 있는 것이다.

넷째, 사회와 학교의 근본적인 변화를 위한 노력의 일환으로 한 가지 제안할 수 있는 것이 '교육 개혁을 위한 국민대토론회'의 개최이다. 우리 나라에서 입시 문제를 해결하기 위해서는 전사회적·전국민적 노력이 요구된다. 정부나 전문가 집단이 만들어 주는 개혁안으로는 결코 성공하지 못한다는 사실을 우리 나라 교육 개혁의 역사로부터 배울 수 있다. 그러므로 상당한 시간을 갖고 체계적으로 이 문제에 대한 전국민적 논의를 할 수 있도록 계획을 세울 필요가 있다. 우리가 우리의 자녀를 교육을 통해 길러 내고자 하는 인간상은 무엇이며, 바람직한 학교는 무엇인지 등과 같은 근본적인 문제에서부터 입시 개선의 문제, 학교교육 정상화의 문제, 사교육 절감의 문제 등 현실적 문제에 이르기까지 국민들 모두가 참여하는 토론회를 갖자는 것이다. 이미 프랑스에서 교육 개혁을 위해 2003년 9월부터 2004년 9월까지 1년에 걸쳐 교육대토론회를

가진 적이 있기 때문에 그 방법을 참고로 할 수 있을 것이다(이종재 외, 04).[8]
비록 토론회를 통해 교육 목표나 입시 개혁에 대한 사회적 합의에 도달하지
못한다 하더라도 정신없이 바쁘게 달려가고 있는 교육적 활동에 대해 전국민
이 함께 숙고하고 반성할 시간을 갖는 것만으로도 소기의 성과를 거둘 수 있
을 것으로 기대된다.

V. 결론

사색과 반성이 없는 분주함의 교육으로 인해 우리의 아이들은 고달프다.
그 고달픔이 자신과 사회의 건강하고 밝은 미래에 밑거름이 된다면야 참고 견
딜 만한 가치가 있을 것이다. 그러나 실상은 그렇지 못하다. 김회권(2008)의
말처럼 우리의 아이들은 "밤 12시까지 학원에 속박된 채 꿈을 잃어[버리고]…
병영 같은 한국 사회에서 순응적으로 살 것인지 아니면 비순응적 사회일탈자
로 살 것인지를 강요[당하는]… 복음의 빛이 미치지 못하는 땅 끝에 존재하는
이방인들"(p. 64)인지도 모른다. 우리 사회와 아이들이 그토록 힘들게 치열한
경쟁을 통해 얻고자 하는 것은 미래 사회가 요구하는 능력-창의성, 문제 해결
력, 타인과 협력할 수 있는 능력, 차이와 다양성에 대한 이해와 배려, 정직과
성실과 같은 높은 도덕성-의 탁월함이라기보다는 단지 높은 시험점수와 명문
대 입학이다. 우리 나라의 입시가 우리 아이들과 사회의 탁월성을 제고하는
역할을 한다면 다행이겠지만 실상은 그렇지 못하다는 사실을 앞에서 살펴보

---

[8] 프랑스 교육대토론회는 교육 문제에 대한 국민의 이해, 교육정책방향에 대한 공감대 형성, 교사와 행정가, 학교와 학부모 간의 신뢰구축을 목표로 하여 진행되었고, 토론회를 통해 향후 15년간 프랑스의 교육정책 방향을 수립하였다. 시락 프랑스 대통령의 담화문을 시작으로 대토론 위원회에서 국민여론을 수렴하여 토론주제를 정하고 학교별, 지역별, 사회단체별로 토론이 이루어지고 그 결과는 보고서로 작성되어 보고되며 전문가들에 의해 보고서가 분석되었다. 인터넷을 통해서도 토론이 이루어졌다. off-line 토론회가 총 13,000회 개최되었고, online 포럼 참가자 수는 37만 명에 이르는 등 방대한 토론회가 진행되었다.

았다.

　본 연구는 수월성과 대학입시를 우리 나라 교육 문제의 핵심 사안으로 보고 이 두 가지 주제를 탐구하였다. 먼저, 우리 사회에서 대단히 편협되고 협소하게 이해되고 있는 수월성의 개념을 재정립하기 위해 우리사회에서의 수월성에 대한 주류 담론들을 분석하였다. 수월성을 국가 경쟁력 강화를 위한 수단으로 이해하였기에 유용한 특정 영역에서의 수월성만을 강조하게 되고, 이는 결과적으로 수월성이란 경쟁을 통해 승리한 뛰어난 소수를 위한 개념으로 오인하도록 만든다. 이러한 왜곡된 수월성 개념을 극복하기 위해 다양한 학자들의 수월성에 대한 논의로부터 수월성의 세 가지 핵심 요소들을 찾아서 살펴보았다. 즉, 수월성은 특정 분야에서만 아니라 다양한 분야에서 가능하다는 다양한 수월성, 개인의 수월성은 전 사회적 성숙에 기여해야 한다는 사회적 수월성, 개인의 수월성이 사회적 수월성에 기여하기 위하여 갖추어야 할 도덕적 수월성 등을 논의하였다. 그리고 성경으로부터 수월성에 대한 네 가지 원리들을 찾아보았다. 수월성은 다양함 가운데 조화를 추구해야 하고, 공동체에 기여하는 것이어야 하며, 수월성이란 하나님께서 주신 선물이기 때문에 인간의 죄는 수월성에 치명적 영향을 줄 수 있다는 것이다. 이를 토대로 할 때 새롭게 정립할 수 있는 수월성이란 다양한 수월성, 도덕적 수월성, 사회적 수월성이 동시에 강조되는 것이며 수월성은 하나님으로부터 온 것이므로 각자에게 맞는 수월성을 개발하기 위한 책무성을 지니게 되며 약자에 대한 배려를 베풀 것을 내포하고 있다.

　입시에 대한 논의에서는 먼저 현 입시제도의 특징과 문제점들을 수월성의 관점에서 고찰하였고, 수월성을 제고하기 위한 입시의 개혁안에 대해 살펴보았다. 2002년 이후 현재까지 시행되고 있는 현 입시제도는 '한 줄 세우기'가 아닌 '여러 줄 세우기'를 지향한다는 면에서 이전보다 발전된 제도라 할 수 있다. 특별전형과 수시전형을 통해 학생들의 다양한 적성과 특기를 고려하고, 고등학교 생활을 중요하게 평가할 수 있게 되어 다양한 수월성과 도덕적 수월성이나 사회적 수월성을 강조할 수 있는 제도가 마련된 것이다. 그러나 앞에서 살펴본 것처럼 그 제도는 실제에서 우리 사회가 갖고 있는 특정 능력의 탁월함에 대한 선호나 학생을 평가하는 고교 담당자에 대한 사회적 신뢰의 부족 등으로 그 제도가 추구하는 의도만큼 성과를 얻지 못하고 있다. 우리 나라의 입시가 진정한 수월성을 추구할 수 있기 위해서는 입시 제도의 개혁과 함께 사회적 여건의 변화도 함께 이루어져야 한다는 점을 지적하였다. 수능시험에 서술식·논술식 문제를 포함시켜야 하고, 학생을 가까이서 종합적으로 평가할 수 있도록 표준화 시험인 수능의 비중을 줄이고 고교내신을 강화시켜야 한다. 그러나 고교내신의 강화는 고등학교교육의 변화와 함께 추진되어야 한다. 주입식, 일제식 수업 방법으로부터 벗어나서 학생 중심의 탐구식 수업 방식을 도입하여 개별화 맞춤식 교육이 이루어지고 수행평가가 제대로 될 때 고교내신의 강화는 수월성 교육으로 이어질 것이다. 그런데 고교교육이 변화되기 위해서는 위로부터의 개혁이 아닌 교사들로부터 변화를 일으킬 수 있도록 여건을 조성해 주는 것이 중요하다. 마지막으로 교육 개혁을 위해서는 전 사회적 노력이 필요하기 때문에 전 국민이 참여하는 교육 개혁을 위한 국민대토론회를 개최할 수 있음을 제안하였다.

    교육의 문제는 사회적 문제이다. 학력주의, 학벌주의적 가치가 보편적 문화가 되어 있고 제도화되어 있는 우리 사회에서 치열한 입시 경쟁을 완화하기란 쉽지 않다. 치열한 학력 경쟁은 필연적으로 수월성의 개념을 협소화하고 입시를 비인간화시킨다. 그러므로 다양한 수월성이 동일한 가치로 인정받는 다양성의 사회, 탁월하지 못한 자에게도 배려를 베풀 수 있는 정의로운 사회를 건설해가는 것이 우리 교육의 문제를 해결하는 근원적인 길이 될 것이다. 그러나 건강한 사회를 만들기 위한 노력을 경주하는 것과 더불어 올바른 수월성을 추구하는 건강한 학교교육을 만들기 위한 노력이 동시에 이루어져야 한다. 학교는 주위 사회의 영향을 강하게 받는 것이 사실이지만 사회 역시 학교의 영향을 받기 마련이다. 건강한 사회가 건강한 학교를 만들 수 있는 것처럼 건강한 학교 역시 건강한 사회를 만들 수 있는 것이다(Goodlad, 1994). 탁월함을 하나님의 선물로 인정하는 하나님의 백성들은 탁월성의 교육을 실천하기 위해 노력하는 동시에 모든 인간들이 더불어 살아갈 수 있는 정의로운 사회를 건설하기 위해 헌신할 수 있는 가장 분명한 근거를 가진 자들이다.

참고 문헌

고경화 (2007), "교육의 평등성과 수월성 관계 논의", 『교육의 이론과 실천』, 12(2).

고요한 (1989), "교육의 수월성과 평등성에 대한 연구", 석사학위 논문, 연세대학교.

교육인적자원부 (2004), 창의적 인재양성을 위한 수월성교육 종합대책.

교육인적자원부 (2007), 수월성제고를 위한 고등학교 운영개선 및 체제 개편 방안.

권오병 (2005), "기독교대학 경영의 역세속화를 위하여: 대학의 사역적 탁월성과 학문적 수월성의 관점에서", 『로고서 경영연구』, 3(1).

김경근 (2006), "한국 중등교육의 수월성과 평등성의 조화를 위한 과제", 『교육학연구』, 44(1).

김경자 (2002), "교육과정 측면에서 본 세계화·정보화 환경에서의 학교교육의 수월성", 『교육학연구』, 40(3).

김병연 (2006), "윤리펀드가 필요한 이유", 『한경비지니스』, 2006. 4. 21.

김석우 (2007), "고등학교 과학과 수행평가 실태분석 및 개선방안", 『교육평가연구』, 20(4).

김성수 (2006), "교육에 있어서 평등성과 수월성의 문제", 기독교학문학회 23회 학술대회 기조강연, 총신대학교.

김신일 (2000), 『교육사회학』, 서울: 교육과학사.

김회권 (2008), "입시경쟁에 대한 성서적, 신학적 입장", 박상진 외, 『입시에 대한 기독교적 이해』, 서울: 예영커뮤니케이션.

문용린 (2002), "교육의 수월성과 평등성 추구", 『교육개발』, 한국교육개발원, 7·8호.

박도순, 장석우 (1993), 『새대학입학시험제도』, 서울: 중앙교육진흥연구소.

박성익 (2006), "수월성교육의 개념과 방향", 조석희, 『모든 학생을 위한 수월성교육』, 한국교육개발원 보고서 RM 2006-30.

박종필 (2005), "수월성 교육 정책의 문제와 발전 방향 탐색: 수월성의 개념을 중심으로", 『열린교육연구』, 13(3).

사토마나부 (2001), 손유정 역, 『교육 개혁을 디자인 한다』, 서울: 공감.

사토마나부 (2006), 손유정 역, 『수업이 바뀌면 학교가 바뀐다』, 서울: 에듀케어.

서울대 교육연구소 (1989), 『교육학용어사전』, 서울: 서울대학교.

성기선 (2007), "한국사회와 대학입시제도에 대한 성찰", 송순재 엮음, 『대학입시와 교육제도의 스펙트럼』, 서울: 학지사.

송인수 (2004), "대학입시제도 개혁을 통한 공교육정상화 방안 검토: 교육혁신위원회 대입제도 혁신안을 중심으로", 기독교사대회 발표자료, 호서대학교.

양승실 (2004), "2002년 이후 새대학입학제도의 운영실상과 영향 그리고 나아갈 길", KEDI Position paper, 1(11).

이군현 (2000), "수월성 추구를 위한 교육", 『교육과정연구』, 18(1).

이병곤 (2007), "영국의 교육제도와 입시제도의 최근 동향", 송순재 엮음, 『대학입시와 교육제도의 스펙트럼』, 서울: 학지사.

이윤미 (2002), "프랑스 중등교육 개혁의 시사점: 교육의 수월성과 평등성 문제를 중심으로", 『한국교육』, 29(2).

이윤미 (2006), "'수월성교육의 개념과 방향'에 대한 토론", 조석희, 『모든 학생을 위한 수월성교육』, 한국교육개발원 보고서 RM 2006-30.

이종승 외 (2004), "대학수학능력시험 개선방안 연구", 한국교육개발원, 한국교육과정평가원.

이종재 외 (2004), "프랑스 국민교육대토론회의 시사점", KEDI Position Paper, 1(8).

정범모 외 (1993), 『교육의 본연을 찾아서: 입시와 입시교육의 개혁』, 서울: 나남.

조기숙 (2007), 『왜 우리 아이들은 대학에만 가면 바보가 될까?』, 서울: 지식공작소.

조석희 (2004), "수월성 교육 정책의 방향과 과제", 『한국교육평론』, 70-88, 한국교육개발원.

허병기 (2000), "교육행정의 새로운 패러다임 탐색", 『교육행정학연구』, 18(1).

홍후조 (2004), "2008년 이후 대학입시 전형제도의 변화", 『한국교육평론』, 147-162, 한국교육개발원

후쿠다 세이지 (2008), 나성은, 공영태 역, 『핀란드 교육의 성공』, 서울: 북스힐.

Gardner, H. (1999), *Intelligence Reframed*, 문용린 역 (2001), 『다중지능: 인간 지능의 새로운 이해』, 서울: 김영사.

Gardner, J. W. (1961), *Excellence: Can we be equal and excellent too?*, 김영식 역 (1977), 『교육의 우수성과 평등』, 서울: 재동문화사.

Goodlad, J. I. (1994), *Educational Renewal: Better teachers, better schools*, San Francisco: Jossey-Bass.

Lightfoot, S. L. (1987), "On Excellence and Goodness", *Harvard Education Review*, 57(2).

National Commission on Excellence in Education (1983), A Nation at Risk: The Imperative for Educational Reform.

OECD (2005), The Definition and Selection of Key Competencies: Executive Summary, Mep_interieur 27/05/05 9:17, www.pisa.oecd.org/dataoecd/47/61/35070367.pdf.

Palmer, P. (1993), *To know as we are known: Education as spiritual journey*, 이종태 역 (2006), 『가르침과 배움의 영성』, 서울: IVP.

Prakash, M. S & Waks, L. J. (1985), "Four Conceptions of Excellence", *Teachers College Record*, 87(1).

Purpel, D. (2007), "What Matters", Addressed at a Conference hosted by The Kuyers Institute for Christian Teaching and Learning, Calvin College, MI.

Starratt, R. J. (1996), *Transforming Educational Administration: Meaning, Community, and Excellence*, New York: McGraw-Hill

VanTassel-Baska (1997), "Excellence as a standard for all education", *Roeper Review*, 20(1).

기독교학교에서의 대학입시에 대한 인식
- 대안학교와 미션스쿨의 비교 연구

황병준 교수

감리교신학대학교 (B.A)
Wesley Theological Seminary (M.Div)
Emory University (Th.M)
Vanderbilt University (Ph.D)
현 크리스천 리더십연구소 소장
현 호서대학교 기독교학부 실천신학 교수

기독교학교에서의 대학입시에 대한 인식
- 대안학교와 미션스쿨의 비교 연구

황병준 | 호서대학교 기독교학부

I. 서 론

한국의 대학입시제도는 국가적, 사회적, 개인적 관심사이다. 우리 나라 교육의 고질적인 병폐가 되고 있는 과도한 사교육비, 중등교육의 파행, 시험지옥 등은 모두 대학입시에 대한 과도한 경쟁에서부터 비롯된 것으로 볼 수 있다(권균, 2000; 김민남, 2004; 지은림, 2004; 박도순, 2003, 2004; 성태제, 1993; 정범모, 1993; 한준상, 1996). 입시제도는 한국의 학교뿐 아니라, 가정과 사회 그리고 가정경제로 발생하는 모든 문제에 큰 영향을 끼치고 있다. 우리 나라 대학입시 과열경쟁의 원인을 진단해 보고자 많은 연구들(박도순, 2001; 성태제, 1993; 성태제, 김자미, 1995; 김병욱 외, 1992; 정범모, 1993)이 수행되었다. 대학입시 과열경쟁에 대해 '교육열'과 관련하여 연구가 수행되기도 했다(지은림, 2004; 강창동, 2000; 김영화, 1992; 오만석 외, 2000).

그러나 이러한 연구들은 우리 나라 대학입시 과열 경쟁의 원인에 대해 부분적인 진단만을 실시해 왔다. 대부분의 연구들이 평가학적인 차원에서 대학입시 제도를 어떻게 개선시키면 과열 경쟁을 해소할 수 있을까 하는 데만 초점을 맞추어 왔기 때문에 대학입시 과열 경쟁에 대한 원인과 그 해결책을 제대로 제시하지 못하였다. 우리 나라에서 발생하고 있는 대학입시 과열 경쟁은 교육적인 문제일 뿐만 아니라 사회적, 문화적, 종교적 요인까지 영향을 미치고 있다(지은림, 2004). 그러므로 대학입시의 문제는 과열 경쟁의 문제, 교육열의 문제뿐만 아니라 학교 운영자의 입시 이해, 교육 목적, 학생진로교육의 가치 기준, 기독교적 세계관의 입시 이해의 차원까지 포함할 필요가 있다.

국내에서 기독교대안학교 운동이 시작된 이래, 대학입시에 대한 새로운 이해가 기독교적 관점에서 제기되고 있다. 대학입시 과열 경쟁의 문제, 입시제도 또는 과열 경쟁의 관련성, 학력 위주의 사회 제도적 차원 및 교육열과 같은 지나친 경쟁으로 인한 비인간화, 전인교육의 실패의 문제점은 기독교 대학입시에 대한 바른 이해를 통해 새로운 시사점을 찾을 수 있을 것이다. 기독교 입시교육에 대한 바른 이해는 학생들의 인성교육의 극대화, 지(知) 정(情) 의(意)의 신인문주의 전인교육을 회복하고 교육의 질을 향상시키는 데 기여할 것이다.

따라서 본 연구는 우리 나라의 특수한 현상인 대학입시 과열 경쟁에 대해 기독교학교 교장들의 대학입시에 대한 인식을 알아보고 이것을 대안학교와 미션스쿨[9]로 분류하여 비교 분석해 보고자 한다. 이들의 인식은 하나님의 부르심(소명)의 관점, 은사(재능)의 관점, 전문성(탁월성)의 관점, 하나님 나라를 세우는 관점과 같은 기독교 세계관적 차원과 교육의 목적, 학생진로교육 가치 기준 등을 중심으로 조사하고 비교될 것이다. 본 연구의 목적은 기독교 대안학교에서의 대학입시에 대한 인식이 미션스쿨의 그것과 어떤 차이가 있는지 연구하는 데 그 목적이 있다. 따라서 이 연구는 기독교학교의 대학입시에 대한 인식실태조사를 대안학교와 미션스쿨(선교학교)로 구분하여 학교 운영자(교장)의 인식 실태를 조사할 것이다. 일반 공립학교의 교육프로그램을 따르

---

9) 미션스쿨(mission school)은 선교를 목적으로 서양에서 우리 나라에 파송된 선교사들에 의해 세워진 선교학교를 말한다. "이러한 미션스쿨은 대부분이 미국 교회의 선교비를 교육재정에 충당했으며, 학교의 행정 역시 선교사들이 담당하였다. 그 후 교회 계통의 지원을 받고 세워진 '기독교학교'는 급성장하게 되어 한일합방이 이루어진 1910년 2월, 이들 학교는 796개교에 이르게 되었다." (김선요, 2004, 4). 본 연구에서는 이러한 '선교학교'와 '기독교학교'를 미션스쿨로 서술한다.

고 있는 미션스쿨과 새롭게 주목받고 있는 기독교 대안학교의 대학입시에 대한 인식의 차이점을 분석하고 그것이 기독교학교의 입시교육에 시사(時仕)하는 바를 제언할 것이다. 이를 위해 이 연구에서는 다음과 같은 연구 문제를 설정하였다.

[연구문제1]
기독교 대안학교와 미션스쿨 교장들의 입시에 대한 인식에는 차이가 있는가?

[연구문제2]
기독교 대안학교와 미션스쿨 교장들의 교육 목적에는 차이가 있는가?

[연구문제3]
기독교 대안학교와 미션스쿨 교장들의 학생 진로교육 가치관에는 차이가 있는가?

[연구문제4]
기독교 대안학교와 미션스쿨 교장들의 신앙생활의 중요성에는 차이가 있는가?

[연구문제5]
기독교 대안학교와 미션스쿨 교장들의 입시 이해, 교육 목적, 진로교육 가치 기준, 신앙생활의 중요성의 상관관계는 무엇인가?

II. 이론적 배경

1. 대안학교와 대안교육

대안학교의 정의는 학자마다 다른 견해를 가지고 있어 합의된 정의는 내려져 있지 않다. 다만 대안학교와 대안교육은 일반 공립학교 혹은 공교육에 대해 대안적으로 제시되어지는 학교 혹은 교육이라는 개념으로 인식되고 있으며, 일정한 정의를 내리기보다는 대안학교에서 보이는 일반적인 특성(예:

학교의 구조, 철학적 배경, 프로그램의 내용과 질)에 따라 정의될 수 있다 (Franklin, 1992). 즉, 공교육이 가진 제도화된 형식에서 벗어나 공교육의 대안으로서 마련된 학교 구조나 교과과정, 교수학습 방식 등을 총체적으로 일컬어 대안교육과 대안학교라 할 수 있다(신효진, 노충래, 2007). 국내에서 대안학교는 일반학교 중도 탈락자를 위한 대안학교, 행동장애 또는 정서장애 문제를 가진 아동을 위한 대안학교, 영재를 위한 대안학교, 그리고 개인적이고 새로운 교습 방법을 선호하는 학생들을 위한 체험적 혹은 인성교육 중심적 대안학교 등 다양한 형태의 대안학교 및 대안교육이 있다.

교육인적자원부에 따르면, 국내에서는 대안학교의 분류를 인가형 대 비인가형으로 분류하고 인가형에는 특성화 형태와 위탁형으로, 비인가형에는 도시형과 전원형, 그리고 초등형, 초·중 통합형, 중·고 통합형 등으로 세분화하고 있다(교육인적자원부, 2007). 이러한 점에서 전통적인 대안학교 및 대안교육 개념은 다음 세 가지로 요약된다. 첫째, 정부지원을 받는 공교육에 대한 대안으로서 교실에 한정된 학습을 벗어난 체험학습, 둘째, 대규모 집단식 교육인 일방적 교수-학습 방식에서 벗어난 소규모 집단의 상호작용적 학습 방식, 셋째, 학생들의 개별성(예: 학습 진도나 능력)을 무시한 획일화된 교과 과정에서 벗어난 보다 유연한 교과 과정 등을 주용 특징으로 하고, 이러한 특징을 가진 학교나 교육 방식이면 모두 대안교육과 대안학교로 인정할 수 있음을 의미한다(신효진, 노충래, 2007).

신학봉(2001)은 일반학교와 대안학교의 차이점을 세 가지로 요약한다. 첫째, 대안학교는 인성, 자율, 협동, 노작을 중시하는 반면 일반학교는 기능교육, 암기위주의 교육이다. 둘째, 대안학교는 자연친화적 환경을 가지고 지역사회 중심의 작은 학교를 지향하는 반면, 일반학교는 지역사회와 무관한 도시형 학교이다. 셋째, 대안학교는 노작, 체험을 통한 지식의 습득을 유도하는 반면, 일반학교는 입시 위주의 획일화된 교육 내용과 방식을 가진다.

박상진(2006)은 기독교학교를 크게 네 가지로 분류한다.

(1) 기독교 선교학교(미션스쿨), (2) 기독교학교, (3) 기독교 대안학교, (4) 기독교 특수학교. 첫째, 기독교 선교학교는 미션스쿨이라고 불리는데, 불신학생의 전도와 선교 즉, 복음전파를 주목적으로 하는 학교이며, 둘째, 기독교학교는 기독교인 가정의 자녀들을 양육하기 위해 기독교교육을 실천하는 학교로서 제자도(discipleship)를 주목적으로 하는 학교이다. 공교육 제도권하에서는 일반적으로 '학생선발권'이나 '교육과정 편성권'과 같은 자율성이 보장되지 않기 때문에 기독교학교는 대안학교의 형태를 많이 가진다. 셋째, 기독교 대안학교는 '기독교적 특성'을 지니지만, 기독교적 가치관만 추구하는 것이 아니라 '기존의 공교육제도에 대한 한계를 느끼고, 기독교 세계관과 기독교교육 철학을 기초하여, 교육의 주체자들(교사, 부모, 학생)에 의해 기독교교육의 본질과 목적을 회복하고자 하는 학교'이다. 넷째, 기독교 특수학교는 기독교정신으로 장애학생을 대상으로 교육하기 위해 설립된 학교로서 오늘날 사회 속에서 기독교계가 공헌할 수 있는 중요한 기독교학교이다.

2. 대안학교 및 학생 현황

기독교학교교육연구소(2007)에 의하면, 국내에는 총 43개의 대안학교가 있는 것으로 조사되었으며, 이 중 13개의 학교가 인가학교이고 30개의 학교가 비인가학교인 것으로 나타났다. 지역적으로는 43개 학교 중 서울 지역이 3개, 경기도가 21개, 충청도가 9개, 전라도가 7개, 경상도가 3개로 분포되어 있다. 학제 편성으로는 총 43개 학교 중 초등학교 7개(16%), 초·중학교 1개(2%), 초·중·고등학교 7개(16%), 중학교 3개(7%), 중·고등학교 14개(33%), 고등학교 11개(26%)로 분류되었다. 기독교 대안학교 전체 43개 학교의 학생 수는 3,396명이고 정교사 수는 518명으로 교사 1인당 학생 비율은 6.5명으로 조사되었다(기독교학교교육연구소, 2007). 우리 나라 대안학교 학생들의 77%는 개인 선택에 의해 대안학교에 다니는 반면, 11%는 학교 부적응 때문에 대안학교를 선택하였고, 3%는 장애와 질병으로 인해 대안학교를 선택한 것으로 보고된다. 또한 파악된 98개 대안학교 가운데 60%가 도시에 집중되어 있으며, 50%가 통학형, 42%가 기숙형으로 분류된다(신효진, 노충래, 2007).

3. 대안학교 및 미션스쿨에 대한 비교연구 동향

교육계에서는 대안학교와 대안교육의 특성, 운영방안, 교과과정, 실천사례 등에 관한 많은 연구들이 있으나, 기독교 대안학교와 미션스쿨을 비교한 국내 선행연구들은 매우 부족하다. 그러나 매우 제한적이지만 대안학교 학생들과 일반학교 학생들의 특성이나 학교 만족도를 비교한 연구들은 증가하는 추세에 있다. 장신국(2002)은 대안학교 학생과 일반학교 학생들의 학교 만족도를 비교하였는데, 대안학교 학생들이 일반학교 학생들보다 높은 학교 만족도를 나타냈으며, 주변 환경, 교우관계, 교사관계를 상당히 긍정적으로 받아들인 것으로 조사되었다. 또한 김연순(2001)의 대안학교 학생의 학교생활 만족도에 관한 연구에서도 대안학교 학생들이 학교생활에 전체적으로 만족한다는 결과가 나왔다. 구체적으로는 재학 기간이 낮을수록 학교 생활에 만족한 것으로 나타났고, 일반학교에 대한 부적응 정도가 높은 학생들을 많이 수용한 학교일수록 학교 생활 만족도가 높게 나타났으나 성별의 차이는 보이지 않았다. 최영은(2003)의 연구에서는 대안학교 학생들이 대안학교 입학 이전에 비해 교사 지지와 부모 지지가 통계적으로 유의미한 수준에서 월등히 높아진 것으로 나타났다. 신효진와 노충래(2007)의 연구에서는 대안학교와 일반학교에 재학 중인 학생들의 문제 행동 수준과 이에 영향을 미치는 요인들을 비교 연구하였는데, 대안학교 학생들의 내재화 문제 행동, 특히 위축 영역이 일반학교 학생들의 그것에 비해 통계적으로 유의미하게 낮은 수치를 보인 결과를 발견하였다.

III. 연구방법

1. 연구대상

이 연구에서 모집단은 대안학교와 미션스쿨의 학교 운영자들이다. 본 연구의 목적은 기독교학교, 즉 대안학교와 미션스쿨 학교 운영자들의 입시에 관한 인식 실태를 비교 연구하는 데 그 목적이 있다. 따라서 본 연구에서는 기독교학교연합회 및 기독교학교연맹에 포함되어 있는 미션스쿨 133개 학교와 기독교 대안학교 63개 교장들을 대상으로 팩스, 우편, 이메일 등을 통한 설문지 분배와 자료를 수집하였다. 이상과 같은 방식으로 선정된 대안학교와 미션스쿨의 학교 운영자들 199명을 대상으로 설문조사를 실시하였으며, 이 중 83명의 설문지는 기재누락 및 미응답으로 인해 사용이 불가능하여 총 116개의 설문지를 최종 분석에 사용하였다. 한편 대안학교에서는 25명의 학교 운영자가 설문에 참여하였으며, 미션스쿨에서는 90명의 운영자가 설문에 참여하였다. 1명은 결측자로 학교의 분류에 응답하지 않았다.

2. 자료수집 방법

이 연구에서는 설문대상 총 196개 학교 운영자 중 116개 학교 운영자의 답변으로 응답률은 58.2%를 보였다. 이 연구의 자료 수집은 2008년 9월 29일부터 10월 10일에 걸쳐 이루어졌다. 대안학교와 미션스쿨들을 선정한 후 연구자는 교장선생님들에게 이 연구의 목적을 설명하고, 연구에 대한 참여 동의를 받았다. 자료 수집은 팩스, 우편, 이메일을 통해 설문지를 수거하는 방법으로 실시되었다.

3. 조사내용

설문지는 크게 여섯 부분으로 구성되어 있다. (1) 인구사회학적 특성, (2) 교사교육, (3) 교육과정, (4) 학생평가 자료사용, (5) 교육을 바라보는 관점, (6) 입시지도에서 기독교학교의 독특성으로서, 세부 영역과 문항 내용은 〈표 1〉에 정리된 바와 같다.

〈표 1〉 설문조사내용

영역	문항내용
인구사회학적 특성	학교장 성별, 연령, 학력
	학교 분류, 지역
	학급 수
교사교육	학생진로교육방법 교사교육 실시 여부
	학생상담방법 교사교육 실시 여부
	기독교적 교수방법 교사교육 실시 여부
	기독교적 세계관 교사교육 실시 여부
	인성교육방법 교사교육 실시 여부
교육과정	야간자율학습 실시 여부
	방학 중 자율학습 및 보충수업 실시 여부
	학기 중 자율학습 및 보충수업 실시 여부
	일요일 자율학습 실시 여부
	인성교육 수업 실시 여부
	종교(성경지식포함)수업 실시 여부
	채플(예배) 실시 여부 및 빈도
	성경공부 실시 여부 및 빈도
	아침(개인)경건시간 실시 및 권장 여부
	경건의 시간과 학습효과 관련성 여부
	기독교 동아리 운영 여부
	학생들의 봉사활동 실시 및 권장 여부
	학교교육 과정에 교사, 학생, 학부모 의견 수렴 여부

학생평가 자료 사용	수준별 수업을 위한 기초자료 사용 여부
	학교성적 연도별 비교 사용 여부
	교사 실력 평가 사용 여부
	학생 개별지도 사용 여부
	교수-학습개선 사용 여부
	학생 학업성취도 인성교육 사용 여부
교육을 바라보는 관점	교육 목적에 대한 문항
	교육에 영향을 미치는 요인
	한국교육의 변화
	학교교육의 문제점
입시지도에서 기독교학교의 독특성	학교의 특징
	기독교학교가 일반 공립학교와 다른 점
	입시지도에 있어서 일반 공립학교와 다른 점
	대학진학률 고려 여부
	학생 진로지도 장소
	학생들의 진로지도에 기독교적 가치관 지도 여부
	대학입시지도에 중요한 요인
	기독교학교의 진지한 입시관

IV. 연구결과

1. 연구 대상자들의 인구사회학적 특성

대안학교와 미션스쿨 학교 운영자들의 인구사회학적 특성은 〈표 2〉에 정리된 바와 같다. 먼저, 대안학교 학교 운영자들의 특성을 살펴보면, 총 26명 가운데 남자가 18명(69.2%), 여자가 7명(26.8%)이었다. 이들의 연령대는 50대가 12명(46.2%), 60대가 6명(23.1%), 40대와 30대가 각기 4명(15.4%) 등의 순이었다. 〈표 2〉에서 알 수 있듯이 대안학교 학교 운영자의 연령분포가 30

대에서 60대에 분포해 있는 반면, 미션스쿨의 경우 30대 학교 운영자는 거의 없는 것으로 나타났다. 학교 운영자의 학력은 대안학교의 경우 대학원 이상 학력이 21명(80.8%)로 미션스쿨 운영자 33명(37.8%)보다 그 비율이 2배 이상 높았다. 학교지역별 분포의 경우, 대안학교는 경기 지역이 12명(46.2%), 충청 지역 5명(19.2%), 전라 지역 4명(15.4%), 경상 지역 및 강원 지역이 각각 2명(7.7%), 서울 지역 1명(3.8%) 순으로 나타났다. 반면, 미션스쿨의 경우, 경상 지역 25명(27.8%), 서울 지역 21명(23.3%), 경기 지역 20명(22.2%), 전라 지역 12명(14.4%), 충청 지역 10명(11.1%), 제주 지역 1명(1.1%) 순으로 나타났다. 학급평균 학생 수의 경우, 대안학교가 11-20명이 13명(50%), 1-10명이 10명(38.5%)인데 반해, 미션스쿨은 31-40명이 58명(64.4%), 21-30명이 25명(27.8%)으로 대안학교가 상대적으로 적은 학급당 평균학생 수를 가지고 있는 것으로 나타났다.

〈표 2〉 기독교 대안학교와 미션스쿨 교장들의 인구사회학적 특성

변수		기독교 대안학교 (N=26)		미션스쿨 (N=90)		전체		N
		빈도	%	빈도	%	빈도	%	
성별	남	18	69.2	79	87.8	97	83.6	116
	여	7	26.8	11	12.2	18	15.5	
	결측값	1	3.8	–	–	1	0.9	
연령	30대	4	15.4	0	0	4	3.4	116
	40대	4	15.4	11	12.2	15	12.9	
	50대	12	46.2	42	46.7	54	46.6	
	60대	6	23.1	34	37.8	40	34.5	
	70대 이상	0	0.0	3	3.3	3	2.6	
학력	대졸	5	19.2	33	36.7	38	32.8	116
	대학원 이상	21	80.8	57	63.3	78	67.2	

학교 지역	서울 지역	1	3.8	21	23.3	22	19.0	116
	경기 지역	12	46.2	20	22.2	32	27.6	
	충청 지역	5	19.2	10	11.1	15	12.9	
	경상 지역	2	7.7	25	27.8	27	23.3	
	전라 지역	4	15.4	13	14.4	17	14.7	
	강원 지역	2	7.7	0	0	2	1.7	
	제주 지역	0	0.0	1	1.1	1	0.9	
학급 평균 학생 수	1-10명	10	38.5	0	0	10	8.6	116
	11-20명	13	50.0	0	0	13	11.2	
	21-30명	1	3.8	25	27.8	26	22.4	
	31-40명	1	3.8	58	64.4	59	50.9	
	40명 이상	1	3.8	7	7.8	8	6.9	

2. 대안학교와 미션스쿨 학교 운영자들 간의 대학입시 이해의 차이

대안학교 학교 운영자와 미션스쿨 학교 운영자들 간의 입시에 대한 이해의 차이를 정리하면 〈표 3〉과 같다. 〈표 3〉에서 알 수 있듯이, 대안학교 학교 운영자들의 대학입시에 관한 소명의 입시 관점 평균값은 4.58인 반면, 미션스쿨 학교 운영자들의 평균값은 3.99로서 대안학교 학교 운영자들이 더 높은 소명의 입시 관점을 가지고 있는 것으로 나타났고, 이는 통계적으로 유의미하였다 (t= 25.95, p 〈.001). 입시에 관한 대안학교 운영자의 '은사(재능)의 관점' 평균값은 4.38로서 미션스쿨의 평균값 3.88보다 높은 것으로 나타났고, 이는 통계학적으로 유의미하였다(t= 21.47, p 〈.001). 입시에 관한 '전문성(탁월성)의 관점'은 기독교 대안학교의 평균값(4.00)이 미션스쿨 평균값(3.83)보다 높고 통계적으로 유의미함을 보였다(t= 18.03, p < .001). 대학입시에 관한 '하나님 나라를 세우는 관점'은 대안학교가 평균값이 4.19로서 미션스쿨의 평균값 3.78보다 높게 나타났으며 이는 통계적으로 유의미하였다(t= 18.18, p < .001). 보다 구체적으로 하위 변수들을 서로 비교해 보면, 기독교 대안학교에서 입시에 관한 학교 운영자의 입시관은 소명의 관점(4.58)이 가장 높고, 전문성(탁월성)의 관점(4.00)이 가장 낮은 것으로 나타났다.

〈표 3〉 기독교대안학교와 미션스쿨 교장들의 입시 이해 비교

	하위요인	기독교 대안학교 (N=26)		미션스쿨 (N=90)		t값
		평균	표준편차	평균	표준편차	
입시관	하나님의 부르심 (소명)의 관점	4.58	0.70	3.99	0.83	25.95***
	은사(재능)의 관점	4.38	0.80	3.88	0.75	21.47***
	전문성(탁월성)의 관점	4.00	0.85	3.83	0.69	18.03***
	하나님 나라를 세우는 관점	4.19	0.89	3.78	0.86	18.18***

*p<.05, **p<.01, ***p<.001

3. 대안학교와 미션스쿨 학교 운영자들 간의 교육 목적의 차이

대안학교 학교 운영자와 미션스쿨 학교 운영자들 간의 교육 목적의 차이를 정리하면 〈표 4〉와 같다. 〈표 4〉에서 알 수 있듯이, 대안학교 학교 운영자의 '덕 있는 사람이 되는 것' 평균값은 4.00로서 미션스쿨 평균값 4.26보다 낮게 나타났고 이는 통계적으로 유의미하였다(t= 11.27, p < .001). '나라 발전의

인재를 키우는 것'의 교육 목적에는 대안학교의 평균값은 3.69로서 미션스쿨의 평균값 4.10보다 낮게 나타났고 이는 통계적으로 유의미하였다(t= 9.38, p <.001). '행복한 생활을 하게 하는 것'의 교육 목적은 대안학교가 평균값 3.85로서 미션스쿨 평균값 4.29보다 낮게 나타났고 이는 통계적으로 유의미하였다(t= 10.54, p <.001). '성공의 기초를 닦는 것'의 교육 목적은 대안학교가 평균값 3.35로서 미션스쿨 평균값 3.77보다 역시 낮게 나타났으며 이는 통계적으로 유의미하였다(t= 10.94, p <.001). '신앙인을 키우는 것'의 교육 목적은 대안학교가 평균값 4.08로서 미션스쿨 평균값 4.03보다 높은 것으로 나타났고 이는 통계적으로 유의미하였다(t= 11.11, p <.001). '기독교 전문인을 키우는 것'의 교육 목적은 대안학교가 평균값 3.65로서 미션스쿨 평균값 3.28보다 높게 나타났고 이는 통계적으로 유의미하였다(t= 8.34, p <.001).

〈표 4〉 기독교 대안학교와 미션스쿨 교장들의 교육 목적 비교

	하위요인	기독교 대안학교 (N=26)		미션스쿨 (N=90)		t값
		평균	표준편차	평균	표준편차	
교육 목적	덕 있는 사람이 되는 것	4.00	1.36	4.26	0.93	11.27***
	나라발전의 인재를 키우는 것	3.69	1.46	4.10	0.82	9.38***
	행복한 생활을 하게 하는 것	3.85	1.38	4.29	0.82	10.54***
	성공의 기초를 닦는 것	3.35	1.90	3.77	0.78	10.94***
	신앙인을 키우는 것	4.08	1.41	4.03	1.01	11.11***
	기독전문인을 키우는 것	3.65	1.62	3.28	1.04	8.34***

*p<.05, **p<.01, ***p<.001

4. 대안학교와 미션스쿨 학교 운영자 간의 학생진로교육 가치 기준의 차이

대안학교 학교 운영자와 미션스쿨 학교 운영자들 간의 학생진로교육 기준의 차이를 정리하면 〈표 5〉와 같다. 〈표 5〉에서 알 수 있듯이, 대안학교 학교 운영자의 '학벌'에 관한 학생진로교육 가치 기준의 평균값은 3.35로서 미션스쿨의 평균값 3.79보다 낮았고 이는 통계적으로 유의미하였다(t= 16.05, p 〈.001). '돈'에 관한 학생진로교육 가치 기준은 대안학교 평균값이 2.96으로서 미션스쿨 평균값 3.46보다 낮았고 이는 통계적으로 유의미하였다(t= 16.71, p 〈.001). '부모'에 대한 학생진로교육 가치 기준은 대안학교 평균값이 4.12로서 미션스쿨 평균값 3.66보다 높았고 이는 통계적으로 유의미하였다(t= 17.48, p 〈.001). '가치관(종교관)'에 관한 학생진로교육 가치 기준은 대안학교 평균값이 4.38로서 미션스쿨 평균값 3.98보다 높았고 이는 통계적으로 유의미하였다 (t= 19.22, p 〈.001).

〈표 5〉 기독교 대안학교와 미션스쿨 교장들의 학생진로교육 가치 기준 비교

	하위요인	기독교 대안학교 (N=26)		미션스쿨 (N=90)		t값
		평균	표준편차	평균	표준편차	
학생 진로 교육 가치 기준	학벌	3.35	0.75	3.79	0.80	16.05***
	돈	2.96	0.60	3.46	0.81	16.71***
	부모	4.12	0.90	3.66	0.89	17.48***
	가치관 (종교관)	4.38	0.90	3.98	0.95	19.22***

*p<.05, **p<.01, ***p<.001

5. 대안학교와 미션스쿨 간의 자율학습 및 보충수업 실시 여부의 차이

대안학교와 미션스쿨 간의 자율학습 및 보충수업 실시 여부의 차이를 정리하면 〈표 6〉과 같다. 〈표 6〉에서 알 수 있듯이, 대안학교의 야간자율학습 실시 여부에 대한 평균값은 1.81로써 미션스쿨의 평균값 2.16보다 더 낮은 실시율을 보였으며 이는 통계적으로 유의미하였다(t= 5.94, p 〈.001). 대안학교의 방학 중 자율학습 실시 여부에 대한 평균값은 1.38로서 미션스쿨 평균값 1.82보다 더 낮은 실시율을 보였으며 통계적으로 유의미하였다(t= 3.07, p 〈.001). 대안학교의 보충수업 실시 여부에 대한 평균값은 1.58로서 미션스쿨 평균값 2.18보다 낮은 실시율을 보였으며 이는 통계적으로 유의미하였다(t= 5.84, p 〈.001). 방학 중 보충수업 실시 여부에 관하여 대안학교 평균값은 1.46으로서 미션스쿨 평균값 2.09보다 낮은 실시율을 보였고 이는 통계적으로 유의미하였다(t= 4.05, p 〈.001).

〈표 6〉 기독교 대안학교와 미션스쿨 자율학습/보충수업 실시 여부 비교

	하위요인	기독교 대안학교 (N=26)		미션스쿨 (N=90)		t값
		평균	표준편차	평균	표준편차	
자율학습 보충수업	야간자율학습	1.81	0.69	2.16	0.47	5.94***
	방학 중 자율학습	1.38	0.64	1.82	0.49	3.07***
	보충수업	1.58	0.50	2.18	0.51	5.84***
	방학 중 보충수업	1.46	0.58	2.09	0.51	4.05***

*p<.05, **p<.01, ***p<.001

6. 대안학교와 미션스쿨의 신앙생활의 중요성의 차이

대안학교와 미션스쿨의 신앙생활의 중요성의 차이를 정리하면 〈표 7〉과 같다. 〈표 7〉에서 알 수 있듯이, 대안학교의 인성교육 실시 여부에 대한 평균값은 2.88로서 미션스쿨의 평균값 2.30보다 더 높은 실시율을 보였으며 이는 통계적으로 유의미하였다(t= 29.05, p 〈.001). 대안학교의 종교(성경지식)수업 실시 여부에 대한 평균값은 2.96으로 미션스쿨의 평균값 2.72보다 더 높은 실시율을 보였으며 이는 통계적으로 유의미하였다(t= 51.00, p 〈.001). 대안학교의 채플(예배) 실시 여부에 대한 평균값은 3.00로서 미션스쿨 평균값 2.83보다 더 높은 실시율을 보였으며 통계적으로 유의미하였다(t= 40.39, p 〈.001). 대안학교의 성경공부 실시 정도에 대한 평균값은 1.85로서 미션스쿨 평균값 1.21보다 높은 실시율을 보였으며 이는 통계적으로 유의미하였다(t= 5.17, p 〈.001). 개인(아침) 경건시간 실시 여부에 관하여 대안학교 평균값은 2.58로 미션스쿨 평균값 2.24보다 높은 실시율을 보였고 이는 통계적으로 유의미하였다(t= 12.50, p 〈.001).

〈표 7〉 기독교 대안학교와 미션스쿨 신앙생활의 중요성 비교

	하위요인	기독교 대안학교 (N=26)		미션스쿨 (N=90)		t값
		평균	표준편차	평균	표준편차	
신앙생활의 중요성	인성교육	2.88	0.33	2.30	0.68	29.05***
	종교(성경지식)수업	2.96	0.20	2.72	0.52	51.00***
	채플(예배)	3.00	0.00	2.83	0.43	40.39***
	채플(예배) 실시 정도	1.85	0.83	1.21	0.57	5.17***
	성경공부 실시 정도	1.77	0.86	1.58	1.11	4.55***
	개인(아침) 경건시간 실시	2.58	0.64	2.24	0.85	12.50***

*p<.05, **p<.01, ***p<.001

7. 입시 이해, 교육 목적, 진로교육 가치관, 자율학습/보충수업, 신앙생활과의 상관관계

대안학교 학교 운영자들의 입시 이해, 교육 목적, 진로교육 가치관, 자율학습/보충수업, 신앙생활의 중요성 간의 상관관계를 알아본 결과는 〈표 8〉과 같다. 우선, 유의미한 상관관계가 있는 변수들로는 자율학습/보충수업, 신앙생활의 중요성, 교육의 목적이었다. 이는 교육의 목적이 높으면 높을수록 학생진로교육 가치 기준이 높아지는 것을 알 수 있다. 대안학교 학교 운영자의 신앙생활의 중요성이 강조되면 될수록 교육의 목적과 학생진로교육 가치 기준도 높아지는 것을 알 수 있다. 자율학습과 보충수업이 높아지면 학생진로교육 가치 기준과 교육의 목적, 신앙생활의 중요성도 높아지는 것을 알 수 있다. 결론으로 말하면 응답자의 교육 목적이 높아지면 학생진로교육 가치 기준도 높아지는 경향이 있으며, 교육의 목적이 낮아지면 종교관과 입시 이해도 낮아지는 경향이 나타난다. 반면, 대안학교 신앙생활의 중요성이 강조되면 교육의 목적과 학생진로교육의 가치 기준도 높아지는 경향이 있으며, 신앙생활의 중요성이 감소하면 종교관과 입시 이해도 감소하는 경향이 있다. 대안학교에서 자율학습과 보충수업이 강조되면 될수록 신앙생활의 중요성, 교육의 목적, 학생진로교육 가치 기준이 높아지는 경향이 있지만, 자율학습 및 보충수업이 감소하면 종교관과 입시 이해도 감소하는 경향이 있다.

〈표 8〉 기독교 대안학교의 자율학습/보충수업, 신앙생활 중요성, 교육 목적, 학생진로교육 가치 기준, 종교관, 입시 이해의 상관관계

	자율학습 보충수업	신앙생활 중요성	교육의 목적	학생진로교육 가치 기준	종교관	입시 이해
자율학습 보충수업	1					
신앙생활 중요성	1.000**	1				

교육의 목적	1.000**	1.000**	1				
학생진로교육 가치 기준	1.000**	1.000**	1.000**	1			
종교관	-0.086	-0.086	-0.086	-0.086	1		
입시 이해	-0.009	-0.009	-0.009	-0.009	0.120	1	

미션스쿨 학교 운영자들의 입시 이해, 교육 목적, 진로교육 가치관, 자율학습/보충수업, 신앙생활의 중요성 간의 상관관계를 알아본 결과는 〈표 9〉와 같다. 우선, 유의미한 상관관계가 있는 변수들로는 교육의 목적, 학생진로교육 가치 기준, 종교관, 입시 이해이다. 이는 교육의 목적이 높아지면 학생진로교육 가치 기준, 종교관, 입시 이해도 높아지는 것을 의미한다. 결론적으로 미션스쿨에 교육의 목적이 강조되면 될수록 학생진로교육 가치 기준, 종교관, 입시 이해도 높아지는 경향이 있는 반면, 교육의 목적이 감소하면, 자율학습 및 보충수업도 감소하는 경향이 있는 것으로 나타났다.

〈표 9〉 미션스쿨의 자율학습/보충수업, 신앙생활 중요성, 교육 목적, 학생진로교육 가치 기준, 종교관, 입시 이해의 상관관계

	자율학습 보충수업	신앙생활 중요성	교육의 목적	학생진로교육 가치 기준	종교관	입시 이해
자율학습 보충수업	1					
신앙생활 중요성	0.148	1				
교육의 목적	-0.180	0.115	1			
학생진로교육 가치 기준	-0.035	-0.128	0.265* (0.012)	1		
종교관	0.042	0.123	0.265* (0.011)	0.117	1	
입시 이해	-0.040	0.136	0.416** (0.000)	0.145	0.402** (0.000)	1

V. 결론 및 논의

이 연구에서는 기독교학교에서의 대학입시에 대한 인식이 대안학교와 미션스쿨(선교학교)사이에 어떤 차이가 있는지 모색해 보고자 하였다. 이를 위해 대안학교와 미션스쿨 학교 운영자들의 대학입시 이해의 차이, 교육 목적의 차이, 학생진로교육 가치 기준의 차이, 자율학습 및 보충수업 실시 여부, 신앙생활의 중요성 차이를 중심으로 대안학교와 미션스쿨의 기독교 입시관에 미치는 영향을 살펴보았고, 그 결과는 다음과 같다.

첫째, 대안학교와 미션스쿨 간의 대학입시 이해에는 차이가 있었다. 미션스쿨 학교 운영자들과 비교해서 대안학교 학교 운영자들은 더 높은 수준의 기독교적 입시관을 보였다. 대안학교의 경우, 하나님의 부르심(소명)의 관점이 가장 높게 나타났고, 은사(재능)의 관점, 하나님 나라를 세우는 관점, 그리고 전문성(탁월성)의 관점 순으로 나타났다. 박상진(2008)은 입시를 기독교교육적으로 이해한다는 것은 입시를 하나님과 인간, 자연, 이웃, 세상과의 관계에서 바라보는 것을 의미한다고 설명한다. 그리고 기독교교육적으로 입시를 이해한다는 것은 입시가 하나님이 의도하신 본래의 관계로 회복되는 것을 의미하는데, 이는 소명, 은사, 탁월성, 공동체, 하나님 나라의 관점으로 입시를 이해해야 한다고 주장한다. 본 연구에서는 미션스쿨과 비교해서 대안학교 학교 운영자들은 높은 수준의 기독교 교육적 입시 이해를 하고 있는 것으로 나타났다.

둘째, 대안학교와 미션스쿨 간의 교육 목적에 차이가 있었다. 대안학교와 비교해서 미션스쿨은 더 높은 수준의 (1) 행복한 생활을 하게 하는 것, (2) 덕 있는 사람이 되는 것, (3) 나라발전의 인재를 키우는 것의 교육 목적을 보였다. 한편, 미션스쿨과 비교해서 대안학교는 더 높은 수준의 (1) 신앙인을 키우는 것, (2) 기독전문인을 키우는 것의 교육 목적을 보였다. 김선요(2004)에 의하면, 기독교 대안학교 교육은 성경과 기독교 세계관에 입각하여 교육이념과 목적에 대한 분명한 확신과 헌신이 수반될 때에 가능하다고 주장했다. 미션스쿨의 교육 목적이 행복한 생활, 덕 있는 사람 양성, 나라 발전의 인재양성에 초점이 맞추어져 있다면 기독교 대안학교는 진정한 신앙인을 키우는 것과 기독교 전문인을 양성하는 데 그 교육의 목적을 두고 있는 것으로 조사되었다.

셋째, 대안학교와 미션스쿨 학교 운영자 간의 학생진로교육 가치 기준의 차이가 있었다. 대안학교와 비교해서 미션스쿨은 높은 수준의 (1) 학벌, (2) 돈에 대한 학생진로교육의 가치 기준을 보였다. 한편, 대안학교는 미션스쿨과 비교해서 더 높은 수준의 (1) 부모, (2) 가치관(종교관)의 학생들의 진로교육의 가치 기준을 보였다. 일반학교의 교과과정을 따르고 있는 미션스쿨은 학생들의 진로교육 가치 기준이 기독교 대안학교와는 다른 것으로 조사되었다. 이는 학생진로교육 가치관이 대안학교의 교육 목적과 상관관계가 있는 것으로 또한 조사되었다. 미션스쿨과 비교해서 대안학교에서는 교육의 목적이 높아지면 학생진로교육의 가치 기준도 더 높아지는 경향이 있는 것으로 조사되었다.

넷째, 대안학교와 미션스쿨 간의 자율학습 및 보충수업 실시 여부의 차이가 있었다. 미션스쿨은 대안학교에 비교해서 더 높은 수준의 자율학습 및 보충수업을 실시하였다. 이는 미션스쿨의 경우, '보충수업'이 가장 높게 나타났고, 그 다음은 '야간자율학습', '방학 중 보충수업', '방학 중 자율학습' 순으로 나타났다. 대안학교의 경우, '자율학습 및 보충수업'은 거의 실시하지 않거나 선택적으로 실시하는 것으로 나타났다.

다섯째, 대안학교와 미션스쿨의 신앙생활의 중요성의 차이가 있었다. 미션스쿨과 비교해서 대안학교는 더 높은 수준의 인성교육, 종교(성경지식)수업, 채플(예배), 성경공부, 개인(아침)경건의 시간을 실시하는 것으로 나타났다. 대안학교는 채플(예배)을 매주 의무적으로 실시하는 것으로 나타났으며, 평균 1.8시간 실시하는 것으로 나타난 반면, 미션스쿨은 매주 평균 1.2시간 실시하는 것으로 조사되었다. 대안학교는 성경공부를 매주 평균 1.8시간 실시하는 것으로 나타났으며 미션스쿨은 매주 평균 1.5시간 실시하는 것으로 조사되었다. 개인(아침) 경건의 시간의 실시 여부는 대안학교가 미션스쿨보다 더 심도 깊게 강조하고 있는 것으로 나타났다. 이 연구 결과에 의하면, 신앙생활의 중요성은 교육의 목적과 학생진로교육의 가치 기준과 상관관계가 있는 것으로 조사되었다.

이 연구를 통하여 얻어진 결과를 토대로 하여 기독교대안학교의 입시에 관한 실천적 함의를 모색하면 다음과 같다.

첫째, 기독교 세계관을 가진 입시교육이 필요하다. 대안학교에서 실시하고 있는 입시 관점은 분명히 미션스쿨에서 가지고 있는 입시 관점과 차이가 있다. 본 연구에서도 드러났듯이 소명, 은사, 탁월성, 하나님 나라를 세우는 관점에 맞는 대학을 찾아가도록 교육하고, 입시에 대한 지도 또한 기독교적 세계관을 가지고 교육해야 한다. 기독교교육이 세속교육과 다른 교육적 이상을 가지고자 한다면 일반학교에서 가르치는 세계관과는 차별된 입시의 기독교적 세계관을 반영시켜야 한다. 이런 일반교육과 차별화된 세계관이 강조되고 교육과정에 적용되고 대학입시지도에 반영된다면, 우리가 고민하는 입시지옥의 문제는 해결의 실마리를 찾게 될 것이다.

둘째, 이 연구결과에 따르면, 대안학교 및 미션스쿨 학교 운영자들의 교육목적이 대학입시 학생진로교육 가치 기준에 영향을 주는 것으로 나타났다. 교육의 목적이 덕 있는 사람 양성, 나라 발전의 인재 양성, 행복한 생활 영위, 성공의 기초, 신앙인 양성, 기독교 전문인 양성의 긍정적인 교육 목적을 가지고 있으면 있을수록, 입시에 대한 학생진로교육 가치 기준에 긍정적인 영향을 주는 것으로 나타났다. 이는 기독교 대안학교의 교육 이념과 목적이 얼마나 중요한 것인가를 보여 준다. 기독교 신앙에 기초한 교육이념과 교육의 목표가 구체적으로 진술되고, 교실뿐 아니라 모든 교육활동의 장과 교과과정에 반영될 때 대학입시에 대한 가치 기준에도 영향을 가져다 줄 수 있다.

셋째, 이 연구 결과에 따르면, 신앙생활의 중요성을 강조하는 것이 대학입시 학생진로교육 가치 기준에 긍정적인 영향을 준다. 인성교육에 관한 수업을 실시하거나 종교(성경지식)에 관한 수업을 실시하고 채플(예배)을 실시하는 것이 대학입시 학생진로교육 가치 기준에 긍정적인 영향을 준다. 그러므로 대안학교에서 실시하는 인성교육, 성경공부, 채플(예배)의 행정과 운영이 기독교적으로 이루어져야 하며 교사와 마찬가지로 행정직원도 분명한 기독교 세계관 위에 기독교교육의 목표를 달성하는 지체로서의 역할을 충분히 감당할 수 있어야 한다.

비록 이 연구가 대안학교와 미션스쿨 학교 운영자들의 제한성으로 인해 폭넓은 입시 이해와 그 결과 해석에 제한점이 있는 것은 사실이다. 특히 학교 운영자만을 대상으로 이 연구가 이루어진 점에 비해 앞으로 비슷한 연구가 진행된다면 대안학교에 대한 다양한 정보가 유용한 만큼 체계적인 표집 방법을 통해 인가 및 비인가 학교 운영가의 분류 분석과 학부모, 교사, 학생의 포괄적인 조사 연구의 필요성이 제기된다. 그럼에도 불구하고 이 연구는 대안학교와 미션스쿨 학교 운영자의 입시에 대한 인식의 차이점을 분석하고 어떤 요인들이 영향을 미치는지를 분석함으로써 대안학교와 미션스쿨의 기독교적 입시관의 방향을 제시한다는 데 중요성이 있다. 또한 더욱 정교화된 연구 디자인을 통해 대안학교와 일반학교 학부모, 교사, 학생의 대학입시에 대한 인식 실태 요인을 분석해 낼 필요성이 제기된다.

참고 문헌

고영일, 이두휴 (1998), 『대안학교와 일반학교의 교육활동 비교 연구』, 교육사회학연구, 8(2).

권 균 (2000), "평가중심 교육으로부터 탈피", 권 균(편), 『한국교육의 쟁점에 관한 연구』, 서울: 소화.

교육인적자원부 (2003), "대안교육기관에 대한 학교수업 인정 및 학력인정 대안학교 설립 등을 통한 대안교육 확대", 내실화 추진 안.

교육인적자원부 (2007), 『대안교육백서』.

기독교학교교육연구소 (2007), 『기독교대안학교 가이드』, 서울: 예영커뮤니케이션.

김 민 (2002), 『자발적 학업 중도탈락현상 발생요인에 관한 연구』, 한국청소년개발원.

김민남 (2004), "공교육 정상화를 위한 대학선발의 패러다임 변화 2004년도 교육혁신위원회", 학국교육평가위원회 공동개최 학술세미나.

김선요 (2004), 『기독교 대안학교 교육의 현황과 비전』, 교육교회, 10.

박도순 (2003), "대학입시, 어디로 가야 하나?" 이종승, 허숙(편) 『시험, 왜 보나』, 서울: 교육과학사.

박도순 (2004), "대학입학전형제도의 바람직한 개선 방향 2004년도 교육혁신위원회", 한국교육평가학회 공동개최 학술세미나.

박상진 (2006), 『기독교학교교육론』, 서울: 예영커뮤니케이션.

성태제 (1993), 『입시위주의 교육과 과열과외』, 교육학연구, 31(2).

성태제, 김자미 (1995), 『미국 대학의 입학사정 준거 탐색과 우리 나라 대학입시제도를 위한 제언』, 교육평가연구, 8(1).

오만석, 박남기, 이길상, 이종가, 최봉영 (2000), 『교육열의 사회문화적 구조』,

한국정신문화연구원.

장신국 (2002), 『대안학교 고교생과 일반계 고교생의 학교생활 만족도 비교연구』, 서울여자대학교 석사학위 논문.

정범모 (1993), 『교육의 본연을 찾아서: 입시와 입시교육의 개혁』, 서울:나남.

지은림 (2004), 『우리 나라 대학입시의 과열 경쟁 현상에 대한 인지조사』, 교육평가연구, 17(2).

최영은 (2003), 『대안학교 고등학생의 사회적 지지가 문제행동에 미치는 영향에 관한 연구』, 이화여자대학교 사회복지대학원 석사학위논문.

한준상 (1996), 『학교 스트레스: 시험제도의 개혁』, 연세대학교 출판부.

Franklin, C. (1992), "Alternative School Programs for at-risk Youths", *Social Work in Education* 14(4).

고등학교 입시교육 실태 및 의식 조사

기독교학교교육연구소에서는 고등학교 입시발전 방안을 연구하기 위하여, 전국의 고등학교를 대상으로 학교입시교육실태 및 의식을 조사하고 있습니다. 본 조사를 통하여 수집된 자료는 우리나라 고등학교 전체의 교육 문화 환경의 장·단점을 가장 폭넓게 파악할 수 있는 근거가 될 것이며, 앞으로 우리나라 고등학교 입시교육발전을 위한 교육정책 개발의 기초 자료로서 중요하게 활용될 것입니다.

귀교 교장선생님께서는 본 조사의 중요성을 감안하시어, 각 물음에 대하여 솔직하게 하나도 빠짐없이 응답하여 주시기 바랍니다. 교장선생님의 응답 내용에 대해서는 숫자 혹은 기호로 표기되어 다른 설문지들과 함께 자료 분석 과정을 거치므로 응답자의 신분이 절대 보장됩니다. 그리고 설문조사의 결과는 총합, 평균, 분산 등의 통계적 수치로 나타나므로, 귀교와 교장선생님 개인에 대한 내용이 명시되지 않을 것이며, 오직 연구의 목적으로만 활용할 것임을 약속드립니다.

바쁜 시간 중에 협조하여 주셔서 대단히 감사합니다. 교장선생님의 응답은 우리나라 고등학교 입시교육발전에 큰 보탬이 될 것입니다.

2008년 9월

기독교학교교육연구소장

* 이번 조사에 대하여 궁금하신 사항이나 의문이 있으신 분께서는 아래로 문의하여 주시기 바랍니다.

주소: 서울특별시 광진구 광장동 114 현대골든텔 3차 311호
기독교학교 교육연구소(www.cserc.or.kr)
전화번호 02-6458-3456   이메일: bjhwang@hoseo.edu   Fax 02-6458-3455

기독교학교교육연구소

◈ 다음의 항목에 직접 작성하거나 √ 표 해 주십시오.

1. 귀하의 성별은 무엇입니까?
① 남자 ② 여자

2. 귀하의 연령은 무엇입니까?
① 30대 ② 40대 ③ 50대 ④ 60대 ⑤ 70대 이상

3. 귀하의 교육수준은 무엇입니까?
① 고졸 ② 대졸 ③ 대학원 이상

4. 귀교는 어떻게 분류됩니까? (1개만 선택)
① 일반계 고등학교 미션스쿨 ② 전문계 고등학교 미션스쿨
③ 기독교 대안학교 ④ 기타

5. 귀교가 속해 있는 지역은 어디입니까?
① 서울지역 ② 경기지역 ③ 충청지역 ④ 경상지역
⑤ 전라지역 ⑥ 강원지역 ⑦ 제주지역

6. 귀교의 학생들의 사회·경제적 배경은 어떠합니까? 합계가 100%가 되도록 비율로 작성해 주십시오.

상 %,_____ 중 %,_____ 하 %_____

7. 귀교의 한 학급의 평균 학생 수는 몇 명입니까? (1개만 선택)
① 1~10명 ② 11~20명 ③ 21~30명 ④ 31~40명 ⑤ 40명 이상

8. 귀교에서는 교사들의 입시 전문성 신장을 위하여 다음과 같은 학교 단위의 연수를 시행하고 있습니까?

	실시함	실시하지 않음
학생진로교육방법	①	②
학생상담방법	①	②
기독교적 교수방법	①	②
기독교적 세계관	①	②
인성교육방법	①	②

9. 귀교는 야간 자율학습을 실시하고 있습니까?
① 의무적으로 실시한다 ② 선택적으로 실시한다 ③ 실시하지 않는다

10. 귀교는 자율학습을 방학 중에 실시하고 있습니까?
① 의무적으로 실시한다 ② 선택적으로 실시한다 ③ 실시하지 않는다

11. 귀교는 보충수업을 실시하고 있습니까?
① 의무적으로 실시한다 ② 선택적으로 실시한다 ③ 실시하지 않는다

12. 귀교는 보충수업을 방학 중에 실시하고 있습니까?
① 의무적으로 실시한다 ② 선택적으로 실시한다 ③ 실시하지 않는다

13. 귀교는 일요일 자율학습을 실시하고 있습니까?
① 의무적으로 실시한다 ② 선택적으로 실시한다 ③ 실시하지 않는다

14. 인성교육에 관한 수업을 실시하고 있습니까?
① 의무적으로 실시한다 ② 선택적으로 실시한다 ③ 실시하지 않는다

15. 종교(성경지식 포함)에 관한 수업을 실시하고 있습니까?
① 의무적으로 실시한다 ② 선택적으로 실시한다 ③ 실시하지 않는다

16. 채플(예배)을 실시하고 있습니까?
① 의무적으로 실시한다 ② 선택적으로 실시한다 ③ 실시하지 않는다

17. 귀교는 학생들의 채플(예배)을 얼마나 자주 갖도록 하십니까?
① 주 1회 1시간 ② 주 2회 2시간 ③ 주 3회 3시간 이상 ④ 채플 없음

18. 귀교는 학생들의 성경공부 시간을 얼마나 자주 갖도록 하십니까?
① 주 1회 1시간 ② 주 2회 2시간 ③ 주 3회 3시간 이상 ④ 성경공부 없음

19. 귀교는 아침(개인)경건의 시간을 실시합니까?
① 의무적으로 실시한다 ② 선택적으로 실시한다 ③ 실시하지 않는다

20. 귀교는 학생들에게 아침(개인)경건의 시간을 권장합니까?
① 예 ② 아니요

21. 학생들의 경건의 시간과 학습효과에 관련성이 있다고 생각합니까?
① 예 ② 아니요

22. 귀교는 기독교 동아리를 운영하고 있습니까? (비교과 과정)
① 의무적으로 실시한다 ② 선택적으로 실시한다 ③ 실시하지 않는다

23. 귀교는 학생들의 봉사활동을 실시하고 있습니까?
① 예 ② 아니요

24. 학생들의 봉사활동을 권장하는가?
① 예 ② 아니요

25. 학생들의 봉사활동을 학교프로그램으로 실시하는가?
① 의무적으로 실시한다 ② 선택적으로 실시한다 ③ 실시하지 않는다

26. 귀교의 학생들은 봉사활동을 몇 시간 하도록 되어있는가?
① 주 1시간 이상 ② 주 2시간 이상 ③ 주 3시간 이상 ④ 주 4시간 이상

27. 학교교육과정을 편성하기 위해 교사, 학생, 학부모의 의견을 조사하였습니까?

	조사함	조사하지 않음
교사	①	②
학생	①	②
학부모	①	②

28. 귀교에서는 학생들에 대한 평가 결과를 다음의 목적으로 사용하고 계십니까?

	사용함	사용하지 않음
수준별 수업을 위한 기초자료	①	②
학교의 성적을 연도별로 비교	①	②
교사의 실력을 평가	①	②
학생개별지도를 위한 자료	①	②
교수-학습 개선을 위한 기초자료	①	②
학생의 학업성취도와 인성교육의 자료	①	②

29. 귀교의 교육의 목적은 무엇이라고 생각하는가?

	매우 그렇지않다	그렇지 않다	보통	그렇다	매우 그렇다
덕 있는 사람이 되게 하는 것	①	②	③	④	⑤

나라발전의 인재를 키우는 것	①	②	③	④	⑤
행복한 생활을 하게 하는 것	①	②	③	④	⑤
성공의 기초를 닦는 것	①	②	③	④	⑤
신앙인을 키우는 것	①	②	③	④	⑤
기독전문인을 키우는 것	①	②	③	④	⑤

30. 다음의 조건들이 성공, 출세에 얼마나 영향을 준다고 생각합니까?

	매우 그렇지않다	그렇지 않다	보통이다	그렇다	매우 그렇다
학벌	①	②	③	④	⑤
돈	①	②	③	④	⑤
부모	①	②	③	④	⑤
가치관(종교관)	①	②	③	④	⑤

31. 한국교육의 변화를 위해서는 무엇이 바뀌어야 한다고 생각하는가?

	매우 그렇지않다	그렇지 않다	보통이다	그렇다	매우 그렇다
교육정책	①	②	③	④	⑤
학교와 교사	①	②	③	④	⑤
학부모의 가치관	①	②	③	④	⑤
교회와 교인의 가치관	①	②	③	④	⑤

32. 학교교육의 문제점은 무엇이라고 생각합니까?

	매우 그렇지않다	그렇지 않다	보통이다	그렇다	매우 그렇다
획일적인 교육	①	②	③	④	⑤
지나친 경쟁주의	①	②	③	④	⑤
출세주의 사회적 분위기	①	②	③	④	⑤
입시위주의 교육정책	①	②	③	④	⑤

33. 귀교의 기독교학교가 일반 공립학교와 다른 점은 무엇입니까?

	매우 그렇지않다	그렇지 않다	보통이다	그렇다	매우 그렇다
이념과 목표	①	②	③	④	⑤
교육프로그램	①	②	③	④	⑤
교사	①	②	③	④	⑤
신앙교육	①	②	③	④	⑤

34. 귀교가 다른 학교와 다른 점은 무엇입니까?

	매우 그렇지않다	그렇지 않다	보통	그렇다	매우 그렇다
신앙교육	①	②	③	④	⑤
인성교육	①	②	③	④	⑤
언어(영어)교육	①	②	③	④	⑤
전문인양성	①	②	③	④	⑤

35. 귀교는 입시지도 및 교육정책을 위해 대학 진학률을 고려하는가?
① 매우 그렇지 않다 ② 그렇지 않다 ③ 보통이다 ④ 그렇다 ⑤ 매우 그렇다

36. 귀교의 특징은 다음 중 무엇입니까? (1개만 선택)
① 학생의 수업계획에의 적극적인 참여
② 능력위주, 경쟁주의 원리의 약화
③ 학부모의 광범위한 지원 및 참여교육

37. 귀교가 입시지도에 있어서 일반 공립학교와 다른 점은 무엇입니까?

	매우 그렇지않다	그렇지 않다	보통	그렇다	매우 그렇다
입시에 대한 기독교적 세계관	①	②	③	④	⑤
은사(재능)의 관점에서 선택	①	②	③	④	⑤
전문적 인재양성에서 선택	①	②	③	④	⑤
하나님 나라를 세우는 관점 선택	①	②	③	④	⑤

38. 귀교는 학생들의 진로지도를 주로 어디에서 하십니까? (1개만 선택)
① 채플 및 성경공부 ② 교사의 개인상담 ③ 수업시간
④ 상담실 (전문상담사) ⑤ 조례 및 종례시간 ⑥ 기타

39. 귀교는 학생들의 진로를 지도할 때 기독교적 가치관을 지도합니까?
① 매우 그렇지 않다 ② 그렇지 않다 ③ 보통 ④ 그렇다 ⑤ 매우 그렇다

40. 대학입시지도에 중요한 요인은 무엇이라고 생각합니까?

	매우 그렇지않다	그렇지 않다	보통	그렇다	매우 그렇다
성적에 맞는 학교선정	①	②	③	④	⑤
대학의 지명도	①	②	③	④	⑤
취업 가능한 학과선정	①	②	③	④	⑤
재능(은사)에 맞는 전공학과와 학교 선정	①	②	③	④	⑤
기독교 대학의 여부	①	②	③	④	⑤

41. 기독교학교의 진정한 입시관은 무엇이라고 생각합니까? (1개만 선택)

	매우 그렇지않다	그렇지 않다	보통	그렇다	매우 그렇다
하나님의 부르심(소명)의 관점	①	②	③	④	⑤
은사(재능)의 관점	①	②	③	④	⑤
전문성(탁월성)의 관점	①	②	③	④	⑤
하나님 나라를 세우는 관점 선택	①	②	③	④	⑤

입시 문제 해결을 위한
기독인 시민운동에 대한 연구

김헌숙 박사

서울대 대학원 서양사학과(B.A)
영국 에섹스대학 영국사회사 (Ph.D)
현재 서울대학교 강사
저서: 〈영국학교 시민교육, 2002〉〈영국기업사, 2008〉외 역사학 논문들

입시 문제 해결을 위한
기독인 시민운동에 대한 연구

김헌숙 | 서울대학교

I. 서론

입시 문제 해결을 위해 기독인은 얼마나, 어떤 노력을 해 왔을까? 아니면, 입시 문제 해결을 위해 기독인이 노력해야 하는 것인가? 하는 질문을 먼저 해야 할까? 과연 교육 문제에 대해 시민운동 차원의 기독인의 행동이 필요한 것인가? 만약 그렇다면, 그 이유와 목적은 무엇이며 또 어떤 방법으로 할 수 있을까?

본 논문은 이러한 물음들을 논제로 삼고 그 논제에 대한 하나의 구상을 정리하는 것을 요지로 한다. 우선 2장에서는, 입시와 교육 문제와 관련하여 지금까지 진행되어 온 기독인의 활동을 살펴보고 현황을 파악하는 데 중점을 둔다. 이것은 기독인 단체임을 표방하지 않는 일반적인 교육시민운동에 대한 개괄적인 이해를 선행 작업으로 해서 이루어진다. 교육 문제에 대한 기독인의 참여와 활동은 기독교 밖의 시민운동의 폭과 흐름에 나란히 놓을 때 객관적으로 잘 검토할 수 있기 때문이다. 결과적으로 기독인의 기존의 교육 관련 활동의 성취 혹은 결핍의 정도를 평가할 수 있게 된다.

3장의 전반부에서는, 2장의 조사와 검토 결과에 근거해서 교육 문제에 대한 기독인의 낮은 참여도와 해결 노력의 부진성을 지적하고 그 이유를 논의한다. 이 논의는 기독인 일반의 사회적 책임의식과 시민적 참여의 결핍 상태와 그 이유를 일고(一考)하는 것을 포함하고, 기독인 시민운동의 필요성과 당위성을 설명하는 것으로 연결된다. 입시 문제의 비중과 그 심각성 때문에 시민사회 전반의 공동 대응이 필요함과 특히 기독인의 참여가 절실히 요구됨이 강조될 것이다. 3장의 후반부에는, 외국의 기독 시민운동의 사례를 참고하는 뜻에서 19세기 영국에서 사회 개혁과 교육 개혁을 주도한 기독인의 활동이 간략하게 서술된다. 오늘 우리에게 영감을 주는 소재로 끌어오기 위해, 어떤 생각과 자세로, 어떤 방식으로 문제 해결을 위해 노력했는지 당시의 대표적인 시민운동들의 정신과 목적, 활동 방법상의 특징에 초점을 맞춘다.

4장에서는, 입시 문제 해결을 위한 기독 시민운동이 한층 더 보완되고 발전되어야 한다면 그 방향과 목표, 방법론이 어떠해야 할 것인가에 대한 제안을 담는다. 이것은 우리 사회의 일종의 블랙홀이라 할 만한 교육 문제와 관련해서 기독인의 건설적이고 협동적인 대응을 위한 로드맵을 한 번 작성해 보는 것 이상의 의미가 있다. 왜냐하면 이러한 시도는 비단 교육 분야뿐 아니라 통일을 비롯한 우리 사회의 주요 문제들에 대하여 기독인이 어떤 태도와 접근방식을 가질 것인가 하는 모색과 결부된 것이기 때문이다. 따라서 본고는 입시 문제에 대한 기독인의 대안 제시의 하나로서, 또 기독 시민의 단체 활동과 공동 대응을 이끌어 내기 위한 준비작업의 하나로서 그 의의를 지닌다.

II. 교육시민운동의 현황

'입시 문제'는 우리 교육 문제 전체를 집약하는 말이라 할 수 있다. 그래서 입시 문제와 교육 문제 두 용어는 아울러 같이 사용해도 무방하다. 다만 '입시 문제'는 우리 나라 특유의 교육 문제의 본질을 나타내는 단어이며 우리 교육을 난공불락의 문제로 만든 알파와 오메가로서 부정적인 면을 함축하고 있다.

이처럼 입시와 교육이 그 순기능보다는 오히려 사회적, 인간적 한계와 고통을 심화시키는 기제로 작용한다는 인식이 어느 시점부터 확산되기 시작했다. 그때는 본격적이고 다양한 성격의 시민단체들이 설립됨과 동시에 교육 개혁을 위한 시민운동이 등장한 1980년대 말엽이다. 사회운동의 성격이 80년대의 민중운동에서 90년대의 시민운동으로 전환하는 시기에, 교육과 학교의 문제들을 부각시키면서 교육 바로 세우기를 지향하는 모임과 단체들이 시민운동의 본류에 자리 잡았던 것이다. 그렇다면 교육 문제와 관련된 기독인 모임이나 활동은 어떠하였던가?

이 장에서는 먼저 일반 교육시민단체에 대하여 피상적이나마 기초적인 지식을 얻고, 이를 배경으로 기존의 기독인 교육시민운동의 종류, 규모, 활동에 대한 윤곽을 그려 보고자 한다. 이후 논지 전개에 필요한 자료를 확보하기 위해 현황과 맥락을 파악하는 것이 목적이니만큼, 교육시민단체에 관한 종합적이고 체계적인 분석은 본 논문의 범위를 벗어나는 것이다. 이 글에서는 교육시민단체가 어떤 것이 있고 어떤 사람들에 의해 언제 설립되었으며 주목적과 주된 활동이 무엇인지 살펴보는 것이다. 여러 단체들의 리더 그룹의 성격과 배경, 회원의 성격과 숫자, 조직 형태, 기금 조성 방법과 용도, 세부 활동 등을 살펴보는 일은 장차 전문 연구자에 의해 이루어지기를 기대한다. 시민단체, 시민운동의 개념도 엄밀한 학술적 정의보다는 '교사와 학부모를 비롯한 민간인의 자발적 의사로 설립, 운영되는 단체와 그 조직적 활동'으로 간주한다.

1. 일반 교육시민운동

입시와 교육 문제를 다루는 모임들이 최근에도 새롭게 생겨나고 있는 상황에서 기존의 일반 교육시민단체 전체를 다 찾아내어 열거하기는 어려운 일이다. 그러므로 본 항목에서는 설립 이후 햇수가 얼마 되지 않은 단체들은 제외하고 주로 2005년 이전에 출범한 단체들의 특징과 의미를 짚어 보는 것에 한정하고자 한다. 그 중 9개가 아래의 〈표 1〉에 정리되어 있는데, 각 단체의 성격과 지향, 주요 활동에 대해 알 수 있다.

〈표 1〉 일반 교육시민운동의 종류

명칭	발족연도	리더그룹	목적	주요 활동
한국교육연구소	1989	교육학자 교육실천가	·교육 현실에 대한 연구를 통한 자생적 교육이론 정립과 올바른 교육정책 개발 (숙고, 비판, 이론화, 행동)	·세미나, 토론회 ·소식지, 학술지 발간 ·프로젝트, 출판 ·강좌, 연수 ·교육정책 모니터링과 조사, 통계
전국교직원노동자조합 (전교조)	1989	교사	·민족 민주 인간화 교육 ·교원이 민주주의 실천의 본 ·교육 민주화, 사회 민주화	·교육법 개정 투쟁 ·전국교직원노조 결성 ·교육과정 개편 투쟁 ·교육 및 사회 민주화 관련 각종 현안에 참여
참교육을 위한 전국 학부모회	1989	학부모	·가정, 학교, 지역사회에서 교육 발전을 위한 실천 ·민주적 학교운영에 적극 동참	·교육정책 활동 ·좋은 학교 만들기 운동 ·학생과 연대활동 ·미디어 감시, 견제 ·학부모 신문, 상담실 ·지역 지회 확산
인간교육 실현 학부모연대	1990	학부모	·교육 문화 운동 ·교육 개혁과 공교육 발전 위한 "성숙한 부모 되기" 운동 "자유로운 학교 만들기" 운동 "건강한 아이 키우기" 운동	·지역 지회 확산 ·강연, 세미나, 토론회 ·홍보, 출판 ·교육정책연구와 제안 ·학부모 학교 참여운동 ·학부모 의식개혁운동 ·상담전화, 인터넷상담

단체명	설립연도	구성원	목적	활동
정의교육 시민연합	1994	교사 학부모 교육 전문가	·학교 현장 돕기 ·교육 개혁을 위한 시민교육 ·대화와 조정 역할 ·선진화와 정의로운 사회공동체 건설	·교육정책 감시 ·조사, 연구, 대안 찾기 ·지원, 상담, 협력 ·학생들의 사회참여 프로그램 개발
교육 개혁 시민운동 연대	1998	교사 학부모 시민 단체 (20개)	·민간주도, 현장 중심의 교육 개혁 방안 모색 ·교육이념, 목적을 시민사회에 맞게 바꾸고 사회에 파급	·교육 이슈 의견 개진 (기자회견, 항의, 성명) ·정책 토론회, 집회 ·교육 살리기 운동
학벌 없는 사회 만들기	2000	전문가 (분야 다양)	·학벌사회의 극복을 위한 의식개혁	·언론 방송 매체 활용 메시지 전파 ·강연
아름다운 학교 운동 본부	2001	교수 학교장	·학교를 인간적, 생태적인 아름다운 공간으로 가꾸고 행복한 교육 공동체 만들기 "학교를 만남의 공간, 삶의 공간, 학습의 공간이 되게 하여, 만남과 삶이 조화를 이룰 수 있도록 하는 아름다운 학교를 만들어 가고자 하는 사람들이 모여 자기 변화를 추구한다."	·아름다운 학교 선정, 행복한 교실 사례 발굴 ·학교 지원 사업 (연수, 정책개발, 컨설팅) ·연수프로그램 개발, 인력개발 사업 ·인성교육연구, 프로그램 개발 보급 ·인성교육지도자 양성 ·연구 출판 ·후원회 구성 지원, 방과후 학교 활성화사업 ·소외 청소년 돕기, 학교 안정망 구축 위한 교육복지사업
교육과 시민사회	2004	전문가 시민 단체	·교육 개혁 위해 다양한 교육단체와 상호 교류, 협력 ·합리적이고 건강한 비판 ·교육 제도, 정책, 운동의 시민적 관점 정립과 확산 ·정책 연구, 운동 역량 강화	·정책 연구와 대응 ·교육 아카데미 ·학교 현장 연계 사업 ·학부모 지원 사업

* 위의 단체들에 대한 정보는 단체 명의의 인터넷 홈페이지를 통해 얻은 것이다.

각 단체들의 설립 시기는 위 표에 제시된 공식적 발족 연도보다 대부분 더 빠르다. 그래서 사실상 '전교조'가 가장 먼저 태동했고 그간 교육계, 노동계, 시민운동 등 사회에 미친 긍정적, 부정적 영향도 컸다. 교육의 문제들을 드러내어 교육에 대한 문제의식을 파급시킨 점에서, 개혁 의지를 실행에 옮겨 부분적으로 성취를 이룬 점에서, 또 동조적이든 비판적이든 교육시민운동의 확산을 자극한 점에서 기여한 바가 컸다. 하지만, 민주화운동과 노동운동의 연장선상에서, 그리고 교원 노조라는 이익 단체적 성향을 가지고, 교육 개혁을 추구하므로, 구체적 목표, 전략, 대응 방법이 과거의 문제 의식과 쟁취 성향에 붙들린 감이 있다. 유일하게 교사만으로 구성된 단체이지만 회원수로는 최대 규모이다.

학부모 단체인 '참교육을 위한 전국 학부모회'와 '인간교육실현 학부모연대'는 바로 직전에 출범한 전교조와 서로 지지하고 공감하는 관계 속에서 형성된 듯이 보인다. 그럼에도 두 단체는 학부모의 이해가 바탕이 된 만큼 목표와 지향, 활동 내용 면에서 고유성이 있고 양자 사이의 유사성도 상당하다. 인간과 교육에 대한 올바른 가치관을 천명하고 그에 합당한 행동 지침을 개발하여 학교와 가정에서 실현시키고자 노력하고 이것을 학교문화의 개혁을 넘어 사회 전체의 개혁과 연관시키는 점에서 거의 동일하다. 이러한 이념은 다양한 교육 주체들이 함께 조직한 '정의교육 시민연합'과 교육 전문가 그룹이 주도하는 '아름다운 학교 운동본부'에서도 마찬가지로 발견된다. '아름다운 학교 운동본부'가 교육 현장의 변화를 추구한다면, 학자와 교육 실천가 등 전문가들이 이끄는 '한국교육연구소'와 '학벌 없는 사회 만들기'는 연구 활동과 이론 정립 및 전달에 주력한다. 이와 같이 다양한 성격의 교육시민단체가 등장하는 과정에 수반된 또 하나의 의미 있는 일은 단체들 간의 연대와 네트워킹이 시도되고 구축된 것이었다. 여러 관련 단체들의 구심점 역할을 할 수 있는 '교육개혁 시민운동연대'와 '교육과 시민사회'는 단체들 간의 교류와 협력을 통해 더욱 전문적이고 집중적으로 사안을 다루며 교육운동의 역량을 높이고자 한다. 2005년 이후에 나타나는 교육 모임은 위의 단체들의 성격과 활동 범주 안에 포함된다고 이해할 수 있을 것이다.

개별 단체와 연대 단체들의 활동이 어떤 성과를 이루어 냈는지, 저변 인구가 얼마나 되는지에 대해서는 따로 연구되어야 하겠지만, 중요한 것은 교육 개혁의 방향과 주요 전략 면에서 단체들 사이에 공통점이 있다는 점이다. 말하자면, 입시 교육보다 인간 교육을 지향해야 하고 교육 본연의 가치를 회복함으로 선진 사회로 성장해 갈 수 있다는 공감대가 형성되고 있다는 사실은 충분히 주목할 일이다. 이것은 교육시민운동이 향후 시민운동의 주축이 될 가능성을 시사하는 것이라고 판단하고 싶다.

2. 기독 교육시민운동

기독 교육시민운동은 아직 그 수가 많지 않아 최근의 사례도 포함했다.

〈표 2〉 기독인 교육시민운동의 종류

명칭	시작 연도	리더 그룹	목적	주요 활동
기윤실 교사 모임	1992	기독 교사	·영성과 전문성을 겸비한 헌신된 기독교사 양성 ·교육 문제에 대한 기독교적 분석, 대안 구상 ·교육개선운동으로 민족과 교회를 섬김	·기독교적 교육관과 교육 방법의 연구와 적용 ·학원복음화와 영성운동 ·지역모임, 연구전문모임 ·MK사역, 통일 교육, 대안교육 운동
좋은 교사 운동 (기독교사 연합)	1995	기독교사 기독교사 단체들	·미래세대에 복음전파 ·교직사회의 갱신 ·기독교사 바로 세우기	·교육사회의 연대와 통합 ·교육정책 분석과 대안 개발 ·문서, 홍보 활동 ·불우한 환경의 학생 돕기 ·통일 후 교육 준비

기독교 학교 교육 연구소	2005	기독교 교육 전문가	·교육의 영역에서 하나님 나라의 회복 ·기독교학교운동의 지원	·기독교학교교육 관련 연구, 발표, 출판, 공개 토론 ·기독학부모교실 운영
사교육 걱정 없는 세상	2008	기독 교육 운동가	·입시사교육 부담의 근본원인을 제거함으로 행복한 교육 만들기 (기독교 정신을 바탕으로 하되 모든 시민에게 개방, 활동 영역은 법과 제도 포함)	·사교육 걱정을 나누고 위로하는 대중 운동 ·사교육 걱정을 부추기는 정책의 시정, 보완 ·사교육 문제의 합리적인 대안 공유
입시 사교육 바로 세우기 기독교 운동	2008	기독 교육 운동 단체들	·입시, 사교육 문제에 대한 기독교적 대안 제시와 실천 ·교육의 영역에서 하나님 나라를 확장 (기독인의 의식 변화를 이끌기 위해 교회를 대상으로 활동)	·강연회 ·기독 교육운동 단체들과 연대 활동

　　기독 교육운동의 발화점이라 할 수 있는 '기윤실 교사모임'이 비교적 순조롭게 시작된 것은 그 이전에 이미 전국적으로 수십 개에 이르는 자생적 자발적 교사모임이 형성되어 있었던 덕분이다. 뿐만 아니라, 우리 나라 시민운동의 역사로나 기독 시민운동의 역사로나 새로운 장을 열었다고 할 수 있는 '기독교윤리실천(기윤실) 운동'이 그 배경에 있었던 덕분이기도 했다. 이런 관계로 교사모임은 '기독교 신앙을 바탕으로 교회를 바로 세우며, 건강한 시민사회를 형성하는 것을 사명'으로 하는 기윤실의 정신을 학교 현장에 적용하고자 했다. 교육 현장의 모든 문제에 대한 기독교적 분석틀과 대안을 만드는 것, 영성과 전문성을 겸비한 헌신된 기독교사 양성과 기독교적 교육운동을 통해 전체 기독 교사를 깨워 학교 현장을 변화시키고 교육을 새롭게 함으로 민족과 교회에 희망을 주는 것이라는 목적 또한 향후 기독 교육운동 단체들의 공통된 대전제와 같은 것이었다. '기독 교사'를 '기독 시민'으로 대체하면 그렇다고 할 수 있다.

소수의 헌신자들에 의해 운영되던 교사모임은 1995년 8월에 새로운 전기를 맞았다. 기윤실 교사모임, TCF(기독교사회), 성서교육회, 기학연(기독교학문연구소) 교육연구모임, 이 4개 단체 대표들이 대전제일교회당에서 만나 '기독교사연합운동'을 논의하기 시작한 것이다. 이듬해 초에 재차 모임을 갖고 1998년 여름에 첫 번째 기독교사 대회(98대회)를 개최하기로 합의하고 그 실무 준비를 기윤실 교사모임에서 담당하기로 했다. 얼마 후 기독교사연합은 '좋은교사 운동'으로도 불리게 됐으니 1995년을 '좋은교사 운동'의 시작 연도로 하는 것은 이러한 과정에 기인한다.

98대회 때까지 기윤실 교사모임의 멤버들은 기독 교육 관련 단체의 교사들을 찾아다니며 권고한 결과 총 12개 단체가 첫 연합대회에 참여했다. 그 후 10년이 지난 지금 기윤실 교사모임은 수도권과 충청권을 중심으로 36개 지역 모임에 400여 명의 현직 교사들이 회원으로 활동하는 데까지 성장했다. 98대회를 전후해서 좋은교사 운동은 기독교사연합단체로 뚜렷하게 부각되기 시작했다. 98대회 당시 대부분 10-30명 규모의 소그룹이었던 참여 단체들은 그동안 일부 정리되고 또 새로운 단체의 가입이 이루어져 2008년 현재 좋은교사 운동은 연합의 결정 사항을 충실히 준수하는 회원단체 9개, 선택적으로 연합 활동에 참여하는 협력단체 3개, 교과과정 개발 등 특정 주제를 다루는 전문모임 10개 정도가 연대 활동을 하는 조직체로 존재한다. 불과 10여 년 사이에 상당한 조직성과 활동성, 전문성을 갖추었고 사회적 인지도를 획득한 좋은교사 운동은 기독 교육운동의 성공적인 개척자이며 진정한 기독 시민운동의 모델로서의 성취를 얻어 냈다.

교육에 대한 기독교적 대안 제시의 하나로, 기독교학교운동을 지원하고 기독교 교육을 발전시키기 위해 2005년에 설립된 '기독교학교교육연구소'는 연구, 교육, 자료 발간, 네트워킹 등의 활동을 활발히 하고 있다. 시작한 지 얼마 되지 않았지만 일반 교육과 기독교 교육의 문제와 대안을 같이 다루는 연구 결과물들을 내놓고 있다. 기존의 교사 단체에 이 연구 단체가 더해짐으로 기독 교육시민운동의 양 날개가 형성된 셈이며 또 상호 지원함으로 운동 전체가 더욱 충실해지고 확대될 것으로 보인다. 기독교학교교육 연구소가 연구와 교육 단체로서 기반을 다지면서 올해 2008년에 좋은교사 운동과 기윤실과 함께 연합 활동을 개척했다. 그것은 '자녀양육, 입시 및 사교육에 대한 기독교적 관점을 제시하고, 이를 실천해, 교육의 영역에서 하나님 나라를 확장할 것'을 목표로 하며 이를 위해 다양한 기독교운동을 전개하고자 하는 '입시·사교육 바로 세우기 기독교운동'(입사기운동)이다. 입사기 운동은 기독인과 교회의 교육에 대한 변화를 견인하기 위한 기독인운동이라 한다면, 입사기운동의 발족 직전에 출범한 '사교육 걱정 없는 세상'은 입사기운동의 문제의식과 지향을 포함하면서도 일반 시민 모두에게 참여의 문을 열어 놓은 차이가 있다. 기독인의 범주를 넘어 사회 한복판으로 큰 발걸음을 내디딘 것은 선구적이다. 동시에 이 새로운 운동이 영어 교육과 같은 공교육의 이슈를 주제로 삼아 심도 있고 관심을 모으는 토론회를 주최할 만큼 곧바로 현장 문제의 본론으로 들어갈 수 있는 것은 좋은교사 운동이 축척한 경험과 성취를 토대로 했기 때문, 혹은 그 덕분이기 때문일 것이다. 입사기운동과 사교육 걱정 없는 세상은 그간 고군분투해 온 기독 교육시민운동의 중간 결실이며 기독 시민운동을 한 단계 진전시킨 것이라고 할 만하다.

각각의 특수성을 발달시키면서도 연합 활동을 구축하고 있는 위의 단체들은 복음 신앙에서 서로 일치하여 정신적 공통분모가 크다. 이것은 기독 교육운동의 큰 자산이며 이점인 만큼 향후 발전의 가능성 또한 크다고 할 수 있겠다. 동시에 교육운동단체들은 한국 기독인의 사회 개입의 표본을 예시하는 사례로서, 한국 교회의 신앙 갱신을 자극하고 교육의 영역을 넘어 시민사회의 여러 영역으로 기독 시민운동을 확산시키는 촉매 역할을 할 것으로 기대하게 한다.

III. 기독 교육시민운동의 필요성

앞 장에서 보았듯이 기독 교육시민운동은 일반의 그것에 비해 양적으로 많이 부족하다. 그것은 무엇보다 학부모 쪽의 자발적 모임 결성이나 활동이 전무하기 때문이다. 물론 일반 교육시민단체에서 회원으로 활동하는 기독 학부모들도 있을 것이다. 그러나 교사와 교육 전문가 이외의 기독인이 시민단체의 모양으로 입시 문제 해결을 위한 운동을 공식적으로 조직하고 운영하는 일은 없었다. 성인 기독인의 절대 다수가 학부모였거나 현재 그렇거나 조만간에 그렇게 될 것임을 고려하면, 그것은 올바르지도 자연스럽지도 못한 일이다.

학부모가 학생과 교사 못지않게 교육 주체의 역할을 하는 것이 우리 나라의 교육 현실이다. 1980년대 이후 자녀의 입시 성공(?)과 부모의 경제력과의 비례 관계가 점차 더 뚜렷해지면서 교육에 대한 학부모의 비중 또한 커졌다. 80년대 말부터 학부모와 시민 교육운동이 나타나기 시작한 이면에는, 교육에 관한 그들의 실질적 힘의 증대에도 불구하고 학교 현장과 입시제도에 자신들의 견해를 반영하거나 그 개선에 참여할 수 없는 제약이 있었다. 그것은 또 1987년의 민주화운동의 성취 이후로 시민의식의 높아 가고 시민운동이 다방면으로 왕성하게 전개된 과정에 포함되는 것이었다. 이제 일반 교육시민단체가 활동을 개시한 지 20년이 되어 가고 기독 교사 단체들이 기반을 굳건히 한 시점에서 마땅히 기대되는 다음 단계는 기독 학부모와 시민이 자발적으로 입시 문제 해결을 위한 교육운동에 참여하는 것이다. 그러나 이런 움직임이 곧, 절로 일어날 것 같지는 않다. 아직 그 운동이 필요한 이유에 대해서 더 많은 토론과 논의가 이루어지고 확산되어야 하는 수준이다. 그리고 그 필요성을 말하기 위해서는 왜 지금까지 그것이 시도되지 않았는지에 대해서 먼저 살펴보아야 한다.

입시 문제 해결에 관하여 기독 학부모가 지금까지 큰 관심을 보이지 않았다면, 왜 그럴까? 앞으로는 기독 학부모가 중심이 된 교육변혁운동이 일어날 가능성이 있을까? 비단 교육뿐 아니라 사회적 난제들을 해결하고자 시민운동을 하는 것에 대하여 기독인은 어떤 태도를 가졌을까? 어떤 나라에서는 기독인이 사회의 골병을 고치고 선한 사회를 이루어 가는 데 앞장섰는데, 그들은 무슨 생각으로, 어떻게 그 일을 했나? 이 장은 이 물음들에 대한 하나의 단상(斷想)이고 하나의 사례를 소개하는 것이다.

1. 기독 교육시민운동의 지체성의 이유와 그 필요성

우리 나라에서 시민의식, 시민사회, 시민운동 등의 단어가 대중의 귀에도 익숙해진 때는 그리 오래 되지 않았다. 지금은 그것을 학습하고 체험하면서 만들어 가는 초기 단계이지만, 한 세대 전에 비하면 시민의식은 향상되었다. 성숙한 시민의식이 견인하는 시민사회가 미래의 진로라는 점에서 어느 정도의 공감대가 형성되고 있다. 그럼에도 대다수의 기독인은 이 시대적 흐름에 무관심한 것 같다. 최근에야 기독교계의 한 편에서 기독인의 사회적 책임과 아울러 시민의식을 거론하고 본격적인 연구와 논의를 도모하는 정도이다.

현재 기독인이 사회의 지도력을 발휘하지 못하고 오히려 뒤쫓아 가게 된 데에는 여러 가지 원인이 있을 것이다. 그 직접적인 하나의 이유는 지난 세대 동안 우리 사회의 핵심 과제의 해결에 기독인이 동참하지 못한 때문이라고 여긴다. 대략 해방 후부터 1975년 정도까지 우리 나라의 핵심 과제가 경제발전이었다고 한다면, 그 후부터 2005년경까지 최대 과제는 정치발전-중간에 IMF가 있었음에도 불구하고-이었다고 할 수 있다. 이 두 번째 시기에, 즉 민주화의 욕구, 부정부패의 시정 요구가 분출하던 때에 절대 다수의 기독인은 그 같은 시대적 난제의 해결을 추구하는 일에서 멀찍이 있었다. 저항의 대열에 참여한 기독인들, 그리고 이들과 문제의식을 공유하면서도 적절한 성경적 대응 방법을 찾지 못해 깊이 고민한 기독인들조차 그 수가 너무 적었다. 같은 사회에 사는 많은 동료 시민들이 내심으로 꼭 해결을 보아야 한다고 생각하고 있는 큰 문젯거리와 그것으로 인한 분노와 고통에 대해 기독인은 공감하지 못했고 혹 알더라도 어떤 노력을 할 수 있을지 잘 몰랐다. 꾸준하게 또 힘껏 국내외에서 선교와 구제와 봉사활동에 헌신해 왔음에도 오늘날 사회가 교회를 내친 것은 우리가 당대의 대의(大義)에 관심을 기울이지 않고 이기적인 신앙 행태를 보였던 것이 큰 이유이다.

좀 더 근원적인 이유를 찾아본다면, 올바른 복음 신앙이 우리에게 전해졌음에도 불구하고 일제 시대의 크나큰 한계 속에서 복음의 총체성이 훼손되었고 그때 생성된 '정교분리'라는 잘못된 신앙 사상이 20세기 내내 기독인의 심저에 단단히 깔려 있었다는 점이다. 그렇지 않아도 강한 유교문화의 토양에다 정교분리라는 신앙 지침이 더해져 다수 기독인의 세계관과 가치관은 불구가 되었다.

정교분리 사상은 기독인으로 하여금 사회의 문제와 도전에 대해 무관심하거나 소극적이고 방어적인 태도를 취하게 함과 동시에 기독인의 신앙생활의 영역을 교회에 국한시키도록 해서 이원론적인 비성경적 세계관을 갖도록 했다. 대부분의 교회 강단의 설교에서 기독인의 사회 개입에 대한 주제는 거의 다루어지지 않았다. 한국 교회가 주로 영향을 받은 미국 교회의 경우는 영적 지도자들이 구원과 개인적인 신앙 위주로 가르치고 설교해도 기독교 문화의 바탕이 있기 때문에 적지 않은 기독인은 신앙 성장에 따라 비교적 자연스럽게 자유, 정의, 박애를 추구하는 사회봉사를 하게 된다. 우리 나라는 상황이 달라서 구원받은 신자일지라도 생활의 많은 부분이 유교문화에 오염된 채로 지내기 쉽기 때문에 이웃사랑의 적극적 실천, 사회 문제의 치유를 위한 봉사, 사회윤리 등을 의도적으로 가르쳐야 함에도 그렇지 못했다. 그 부분에 대해서 잘 몰랐거나 착각한 것이었다. 이 상황을 거들고 지속시킨 큰 배경이 되어 준 것이 정교분리 사상이었다. 특히 1960년대 이후 정교분리 개념은 기독인이 사회에 대하여 영향력과 지도력을 행사하지 못하게 한, 아니 차단시킨 가장 큰 장애물이었다. 따라서 사회 문제에 관여하는 기독인의 활동이나 시민운동은 매우 제한적일 수밖에 없었다.

　이분법적 세계관은 또한 영생과 내세에 관해서는 철저히 무지하여 오직 이 세상에서의 성취-그것이 정신적인 것이든 물적인 것이든 간에-에 집착하게 하는 유교문화와 혼합되어 부정적 시너지 효과를 냄으로 말미암아, 교회 중심적 신앙과 세속적 성공관이 교묘하게 결합된 한국형 기독인을 대량 배출하는 데 기여했다. 이러한 유형의 기독인의 삶의 목표는 결국 유교적 가치의 추구와 별로 다르지 않은 양상이다. 그리고 이 분열된, 이중적 가치관은 대부분의 기독인의 교육 가치관에 고스란히 투사되어 있다.[10] 다시 말해서, 입시에 대한 태도에서 기독 학부모는 비기독인과 크게 다르지 않기에 입시 문제에 대한 성경적 비판적 접근을 시도할 수 없고 입시 문제 해결을 위한 노력의 동기도 갖기 어렵다.

　다른 한편으로 생각하면, 사회 문제에 대한 복음적 관점과 구체적인 전략을 수립할 만큼 성숙하기에는 개신교 백여 년의 역사는 분명 짧다. 국가적으로도 극히 험난했고 천지개벽 같은 변화의 시기여서 더욱 그러했다. 그러므로 부족하고 미숙함이 많았지만 부자연스럽지 않은 성장의 과정으로 받아들이는 대신 그것을 반복하거나 지속하지 않아야 한다. 복음과 구원의 부분만을 취하는 허물을 벗고 기독인의 삶에 대한 복음의 총체적 요구에 반응하고 순종하도록 서로 도전함이 필요하다. 그러한 순종에는 영역의 구분이 없는 것이 당연하다.

　기독 시민의 사회적 책임과 관련해서 서구 기독교 세계에는 이미 오래 축적된 경험과 성숙한 이론이 많다. 그 중에서 영국의 성공회 대주교 윌리엄 템플의 견해를 잠시 소개하고자 한다. 템플 주교는 기독인의 사회 개입의 이유와 원칙을 다음과 같이 설파했다.

　첫째, 기독인은 정신적으로 양심적으로 현존하는 악으로 인한 고통을 무

---

[10] 이러한 논의는 다음의 책에서 심도 있게 다루어졌다. 기독교학교교육연구소, 『입시에 대한 기독교적 이해』 (2008, 예영커뮤니케이션)

시할 수 없다. 기독교의 선이 그 고통의 치유와 해결을 요구한다.

둘째, 사회, 경제 체제가 국민의 특성을 형성해 내는 막대한 영향력을 행사하기 때문에, 기독인은 그 영향력이 신자의 특성을 발전시키는 것인지 의문을 가져야 한다. 그 대답이 부정적인 쪽이라면 기독인은 그 체제의 변화를 얻어 내기 위해 최선을 다해야 한다. 비판과 감시를 계속하고 그 비판이 촉진하는 행동을 추구하지 않을 수 없다.

셋째, 기독인은 정의를 거스르는 도전을 외면할 수 없다. 그 도전을 거부하거나 아니면 받아들여서 그 상처를 치유하는 일에 헌신해야 한다. 도덕적 원칙에 근거해서 경제와 사회질서를 고발할 때 도덕적 요구가 수반되는 것이니 기독인은 개입해야 하고, 그렇게 하지 않으면 자신에 대한 신뢰를 배신하는 일이 될 것이다.

넷째, 기독인은 이 세계와 그 너머에서 하나님의 뜻을 성취하는 위대한 과업에서 각자의 몫을 하기 위해 교회에 속한다. 교회는 그 소명상 하나님의 목적을 위해 일하는 존재이기 때문에 어떤 인간의 관심이나 활동도 그 시야 밖에 둘 수 없다. 그리고 교회는 사회의 혼란한 삶의 구조를 꾸짖어야 하고 가능한 대로 성경적 방법을—직접적이든 간접적이든—제시하여 그 구조를 선하게 만들어야 한다. 기독인은 사회에 개입할 수밖에 없다.

기독인이 사회에 개입하는 방식에 대한 템플 주교의 대답은 이러하다.

첫째, 기독교 정신을 가지고 도덕적 의무와 역할을 수행해야 한다.

둘째, 기독교 정신을 가지고 순수한 시민의 권리를 행사해야 한다.

셋째, 교회는 체계화한 도덕적 원칙을 성도들에게 제공하여 앞의 두 사항을 수행하는 데 도움을 주어야 하며, 그 원칙에는 현대 생활의 관습이나 제도 그리고 이 원칙에 위배되는 행위에 대한 고발이 포함되어야 할 것이다. 그러므로 교회는 성경적 원리와 복음 진리의 힘을 가르치는 일에 주력해야 한다.[11]

---

11) 윌리엄 템플, 『기독시민의 사회적 책임 Christianity and Social Order (1942)』, 김형식 옮김 (2000, 인간과 복지), pp. 11-47. 관련 주제를 다루고 있는 다음의 책들도 도움이 될 것이다. 로날드 사이더,

지금 한국교회에서 시작되고 있는 기독인의 사회적 책임에 대한 각성과 노력은 피할 수 없는 시대적, 교회사적 요청이며 교회가 더욱 온전케 되는 필연적인 과정이다. 그리고 이 새로운 동향은 우리 사회의 다음 핵심 과제와 의미심장하게 연결될 수 있다. 왜냐하면, 경제와 정치의 기본을 해결하고 난 후 그 다음 순서로 부상하는 핵심 과제는 문화발전일 것인데, 문화의 중흥은 정신적 도덕적 갱신이 수반될 때 가능하고, 그 갱신은 전근대적이고 낡은 정신에 뿌리박고 있는 교육의 개혁을 반드시 필요로 하고 또 그 갱신은 이 사회에 성경적 가치가 대거 투입될 때만 현실화될 것이기 때문이다.

요컨대, 기독 시민의 사회적 책임 수행이라는 향후 한국교회의 주요 과제와, 문화발전이라는 국민적 당면 과제가 포개지는 지점이 바로 기독 교육시민운동이다. 다시 말하자면, 교육 개혁운동은 이 세대의 역사적 사명이기 때문에 기독인이 합력하여 복음의 정신과 방법으로 이 사명의 큰 부분을 감당해 간다면, 교육의 덫에 걸려 신음하고 있는 우리 사회에 하나님의 긍휼과 공의를 전달하고 비춰 줄 수 있을 것이다. 그리고 교회는 이 사회를 정화시키고 순화시키는 영적 지도력을 다시 찾게 될 것이다.

2. 기독 시민운동의 사례: 19세기 영국[12]

주지하다시피, 기독교를 빼놓고 역사와 문화에 대해 말하기 어려운 서구에서 기독인의 사회 개입은 전통이었다. 예를 들어 대표적인 개신교 국가인 영국과 미국에서 적어도 19세기까지는 기독인이 사회의 제반에 개입하는 것은 당연지사였다. 사실 사회와 교회, 정치와 신앙 등 구분이 필요 없었고 그런 생각

『그리스도인의 양심 선언』, 이지혜 옮김 (2005, IVP). 대천덕 『신학과 사회에 대한 성경적 가르침』 (1994, CUP). 존 스토트, 『현대 사회 문제와 그리스도인의 책임』, 정옥배 옮김 (2005, IVP)
12) 본 장의 서술을 위한 참고문헌은 상당수이다. 다 열거하기 어려울 뿐 아니라 필자 나름의 해석으로 정리하였으므로 문헌 목록은 생략한다.

자체가 생소했다. 일부 식자들과 학자들이 그러한 구분의 개념과 이론을 들먹였으나 그들조차도 정서적으로는 그것이 자연스러운 것은 아니었을 것이다. 그때까지만 해도 영국인은 비기독교 국가, 즉 국민 다수가 기독교인이 아닌 사회에 대해 관념은 있었을지 몰라도-해외에는 많았으므로-자신들과는 그다지 상관없는 일로 여겼다. T. S. 엘리엇이 시인의 영감으로, 신(神)을 모르거나 알려고도 하지 않는 사람들이 북적대는 사회가 영국에 도래하는 것을 미리 감지하고 그 기괴함을 표현한 1930년대에도 여전히 영국은 기독교 국가였고 기독인의 사회 개입과 활동은 활발했다.

그러나, 기독인의 사회 개입을 '성경적 가치와 정신으로 혹은 소명을 따라 자발적으로 주체적으로 사회 문제의 해결을 위해 개입하고 노력하는 것'이라고 한다면, 영국 기독인이 항상 그랬던 것은 아니다. 기독교 국가에 태어나 기독교의 영향권 아래서 산다고 저절로 사회 개입이 이루어지지 않음은 물론이다. 종교개혁 이전에 절대 다수의 영국인은 기독교적 사회에서 살았을 뿐이지 사회 개입을 한 것은 아니었다. 가령 반대로, 똑같은 사회에 살았지만 토마스 모어는 그 사회의 모순을 인식하고 개혁을 희구했으며, '유토피아'를 통해 개혁안을 구체적으로 제시했다.

16, 17세기에 청교도들이 정치에 깊이 관여한 것은 정치와 신앙이 한 묶음이어서 정치의 변화에 따라 실제로 죽고 살고 했기 때문이었다. 정치적, 곧 종교적 극단을 왔다 갔다 하다가 큰 맥락에서 정돈이 이루어진 때가 17세기 말엽으로, 존 웨슬리의 회심 꼭 50년 전이었다. 그 반세기 동안 교회는 이미 팽창한 상업 자본주의에 대한 도덕적 통제권을 포기할 정도로 사회의 제 분야에 대한 성경적 접근법, 방법론을 고안하거나 시도하지 못했다. 그런 차원은 아직 몰랐다고 하는 것이 적절하다. 청교도의 후예로서 높은 수준의 도덕적 삶을 사는 개인들이 있었겠지만, 토마스 모어처럼 구체적으로 사회개혁을 궁구하는 기독인은 별로 없었다. 다만 교회의 영적 침체와 무력감, 그리고 그에

따른 사회의 도덕적 타락에 좌절하고 탄식하는 사람들은 있었다.[13] 벌써 1720년에 주가 거품에 따른 금융공황을 경험했다. 대부흥 이전에 영국인의 상당수는 이교도와 다름없었다. 그러나 신실한 일부 사람들이 '이제 영국은 끝났다'고 자포자기하려 할 그 때에 전대미문의 부흥이 일어났다.

부흥의 불길이 번져가던 대략 1800년까지의 두 세대 동안에는 산업혁명이 그곳에서 시작되었고, 런던에서 최초의 만국박람회가 개최되던 1851년 무렵까지 약 70년 동안 영국인들은 초기 산업혁명의 길고 음울한 터널을 지나며 곤두박질치지 않으려고 사투했다. 참고서도 매뉴얼도 없이 인류가 듣지도 보지도 못했던 산업화의 길을 갔는데, 결과는 대성공이었다. 어떤 성공이었을까? 그것은 자본주의 힘과 물질의 괴력에 고삐를 매었던 능력, 물질보다 사람됨의 가치를 우위에 두는 정신, 즉 성경적 도덕성이 삶의 목표라는 정신이 국민성이 되게 한 능력이다. 당대 최대의 부(富)를 누리면서도 돈의 위력을 이길 수 있었던 능력, 즉 '정직, 근면, 절제, 배려, 봉사'가 삶의 모토가 되게 한 능력은 대부흥의 결과로 생긴 것이었다.

웨슬리는 정치에 관여하지 말라고 설교했으나, 철저한 회심과 갱생을 체험한 기독인들은 사회의 각종 불의와 악을 정정하는 일과 자신의 소명이 연결됨을 깨달았다. 영의 눈이 밝아진 사람들에게 세상은 뜯어 고칠 것이 너무 많았다. 그리하여 그들은 마치 바울이 복음을 전하지 않으면 견딜 수 없다고 한 것처럼, 누가 득달이라도 하는 듯 적극적으로 사회 개량에 뛰어들었다. 복음의 능력에 붙들리면 자신의 죄와 공동체의 악에 대하여 공격적 태도를 취하며 저항하고 싸우게 됨을, 그리고 그것은 성경적 가치에 근거한 선한 사회를 건설하고자 하는 갈망으로 이어지고 또 그 성취를 위한 창의력을 발현하게 됨을, 그들은 보여 주었다. 사회 개입은 진정한 신앙의 표현임을 보여 주었다.

백 년 이상 진행된 노예무역과 노예제 폐지운동은 지극히 정치적인 작업이

---

13) 로이드 존스 목사도 대부흥 전 시대에 영국의 도덕성은 형편없었다고 언급한 바 있다. 로이드 존스, 『청교도 신앙』, 서문강 역 (1990, 생명의말씀사).

면서 죄악과 탐욕을 지적하는 각성운동이고 사회정화운동이었다. 이 노예제 폐지운동이 전개되던 동시대에 기독인들은 각 방면에서 개혁 활동에 나섰다. 감옥 개혁운동과 공장 및 근로 조건 개선운동은 그 중 대표적인 것으로 법률, 정치, 경제, 기업이 다 관련된 일이었다. 정계와 관계(官界)에 종사하는 기독인들은 개혁 작업을 적극 돕거나 찾아서 했다. 자발적으로 직업의 은사를 살려 사회적 약점을 고치고 삶의 질을 높이는 데 투신한 개인들은 헤아릴 수 없이 많았다. 그러므로 모든 개혁운동은 수많은 기독인이 각양각색의 은사와 재능을 총동원한 합작품이었고 끈기 있게 투쟁하여 이룬 것이다.

 무엇보다 기독인은 현대 정부가 하는 복지제도의 큰 부분을 담당했다. 산업화의 초기에 공적인 빈민 구휼제도와 교회의 자선금으로는 어림없을 만치 인구와 빈민이 증가했기 때문이었다. 당시 빈곤 문제는 오늘 우리 나라의 교육 문제만큼 광범위하고 절실한 문제였다. 인구의 30퍼센트 가량이 끼니를 잇기가 어려웠고 또 다른 20퍼센트도 언제 그렇게 될지 모르는 상태여서, 주택, 의료와 위생, 치안, 빈민 구제, 노인, 교육 관련 문제들이 산더미 같았다. 게다가 게으름과 음주와 같은 악습은 빈곤층에게 더 많이 있었고, 변변한 옷 하나 없는 그들은 제대로 교회에 가지도 못했다. 그래서 복음의 은혜를 아는 좀 먹고살 만한 기독인은 거의 대부분 이 문제들의 해결을 위해 뭔가를 했다. 지역 사회에서 공동으로 하는 시민운동은 꼭 참여했고, 개인에 따라 능력대로 특수 활동을 조직하고 운영했다. 19세기 내내 남성 기독인은 교회, 가정, 직장(사업) 생활과 더불어 사회봉사를 필수로 했다. 여성의 경우는 교회, 가정, 봉사활동을 균등하게 했다. 당시 직업이 따로 없었던 대부분의 여성 기독인은 그들의 능력을 자선활동과 자원봉사에 쏟아 부었다. 영적 부흥의 시대에 그것은 의로운 과업으로 생각되었고, 빈민을 돌아보는 일을 자신들의 몫으로 알고 정성을 다했다. 이처럼 가진 자들이 빈자들을 위해 시간과 물질과 수고를 아끼지 않는 관습이 있었기에 20세기에 세금 부담이 많은 사회복지제도를 용인할 수 있었다.

구제와 의료와 함께 교육은 가장 중요한 세부 활동 분야였다. 지금부터 정확하게 2백 년 전에 자선학교 설립을 전국적 운동으로 확산시키기 위한 조직이 결성되었다. 세금으로 설립된 소위 공립학교가 생기기 시작한 때는 1870년대 이후의 일이었고, 그 전에는 모두 기독 시민이 자녀교육의 여력이 없는 하층민을 위해서 자발적으로 기금을 모아 학교를 설립하고 초등교육을 무상으로 제공했다. 자선학교는 대부분 교파 학교였다. 지역에서 각 교파는 주축 교회를 중심으로 여러 교회가 협력해서 자선학교를 설립하고 운영했다. 따라서 신앙의 전파가 학교 설립의 첫째 목표였고, 둘째는 그래서 도덕 교육도 더 강화할 수 있고 셋째는 학생들의 경제적 자립을 돕기 위한 것이었다. 읽고 쓸 줄 알아야 성경공부를 해서 어떻게 살아야 하는지 알게 되고, 거기다 쓰고 읽고 셈을 할 줄 알면 직업 구하기가 수월하다고 보았다. 신분을 뛰어넘지 않도록 기초 교육만 제공했기에 학습 내용은 보잘것없었지만, 기독교적 덕목을 강조하며 가르쳤다. 그 덕목을 갖출 때 비로소 '시민'이 된다고 생각했다. 설립자들과 기부자들은 하층민의 자녀들이 시민의 자격을 갖추기를 바랐고 그래야 기독교 공동체다운 국가가 되고 온 국민이 시민다운 시민인 문명사회, 선한(착한) 사회(a civilized society, a good society)로 진전한다고 굳게 믿었다. 지금 21세기에도 인격의 자질 함양을 첫째로 여기는 영국 초등교육은 그러한 역사의 산물이다. 5세-13세 사이 의무교육법 시행(1880년)과 노동계급의 생활수준 향상이 맞물리면서 자선학교는 공립학교 제도 속으로 편입되었으나 아직까지 옛 이름을 그대로 가지고 있는 학교도 적지 않다.

사립학교 개혁도 마찬가지이다. 지금 알려진 유명한 중·고등 사립학교들은 18세기에는 저급한 수준이었다. 많지 않은 학생 수에 낙후된 시설에다 커리큘럼도 엉성했다. 학교는 느슨하고 무질서했으며, 학생들(남학생)은 자기들끼리 이상한 집단 체제를 만들어 구타에다 풍기 문란하기까지 했다. 개혁의 주도자는 노예제 폐지법이 통과되기 5년 전인 1828년에 럭비 스쿨에 교장으로 부임한 토마스 아놀드였다. 그가 한 것이 다 옳거나 잘 된 것은 아니지만, 일단 학부모가 호감을 갖게 만들었고 또 다른 학교들이 모방하고픈 모델 학교로 만들었다. 교사들의 급여와 지위를 높여 주고 그들에게 학생들의 숙소 생활을 엄격히 관리하게 하여 규율과 도덕 원칙을 확고히 했다. 아놀드는 럭비 스쿨에 도덕성의 기둥을 세우고 싶었다. 위계질서 체제를 도입해서, 상급생이 책임감과 지도력을 가지고 자율적으로 질서를 유지하도록 했다. 그래서 달라진 학교의 이미지가 성공을 가져왔다. 신앙의 부흥에 영향을 받은 학부모들이 기꺼이 아들을 아놀드 박사에게 맡기게 되었다. 한편으로 보면, 아놀드의 개혁은 마치 기다렸다는 듯이 시대에 잘 들어맞았다. 신앙과 도덕 갱신의 영향, 부를 축적한 중산층과 전문직 종사자들의 신분 상승 욕구, 그리고 철도시대(1830년대)의 개막으로 기숙학교에 보내기가 수월해진 환경 등의 요소가 사립학교를 크게 발전시켰다.[14]

사립학교들은 서로 나름의 강점을 개발하여 서로 영향을 주고받으면서 사립학교의 전형성을 창조하기에 이르렀다. 무엇보다 새로운 시대의 표본적 인간상을 뚜렷이 제시함으로써 국민 교육의 지도력을 확보했다. 지도자의 자질, 즉 '젠틀맨'으로 통칭되는 모범적인 인간상은 미래의 지도자인 사립학교의 학생뿐 아니라 결국은 모든 시민이 지향해야 할 삶의 좌표였다. 젠틀맨은 기독교적 품성, 지성, 단련된 체력과 협동정신의 스포츠맨십, 이 모든 것의 조화로운 통합을 의미했다. 이 구식 용어는 이제 거의 쓰이지 않지만 여전히 사립학교 교육의 전통이며 노선이고, 영국 교육의 이상(理想) 안에 선명히 남아 있다.

교육 분야를 망라해서 기독인의 모든 사회 개입은 기독교적 가치의 실현을 위한 것이었고, 신앙이 강했던 만큼 그것을 위한 투쟁과 노력은 참으로 맹렬했고 치열했다. 그리하여 19세기 중엽에 영국인은 신앙의 유무를 막론하고 문명사회란 기독교적 가치와 도덕성이 실현된 사회를 의미하는 줄로 알게 되었으니, 이것이야말로 위대한 성취라고 해야 할 것이다. 한 세기 전에 비하면 딴

---

14) Edward Royle, Modern Britain: *A social history 1750-1997* (1997, London), pp. 363-5.

나라가 됐다. 이제 대영 제국은 없어졌고 허다한 사람들이 믿음의 반열에서 이탈했지만 신앙이 부여한 가치는 살아있고 또 그것이 옳은 줄 알기 때문에 한참 더 존속될 것이다.

IV. 입시 문제 해결을 위한 기독 시민운동의 방향과 방법론 모색

영국의 사례에서 보았듯이, 사회 문제는 몇몇 개인의 힘과 노력만으로는 해결하기 어렵다. 삶을 다 바친 소수의 기독인들과 그들을 돕고 지원하는 사람이 많이 있어도 하나의 문제를 개선시키는 데는 오랜 시간이 걸리고 각고의 노력이 필요하다. 심지어 기독교 국가라고 하는 영국에서도 그러했으니, 아직 기독교 역사가 얼마 되지 않은 우리 나라에서는 더욱 어려울 것이다. 영국의 경우는 영적 부흥의 토대 위에서 사회 전반에 걸쳐 기독 시민운동이 전개되었던 것을 고려하면, 장차 부흥이 주어지기를 기대하는 우리로서는 기독인의 사회 개입의 필요성과 정당성을 인식시키는 것 자체부터가 지난한 과제일 수 있다.

그러나 앞에서 언급한 대로, 사회 문제에 대한 기독 시민의 관여와 운동 차원의 연대 활동을 더 이상 보류하지 않아야 한다. 실제로는 날마다 사회의 모든 영향을 깊이 받고 살면서도 교육, 정치, 경제, 문화 분야의 이슈와 문제를 신앙 적용의 범위 밖에 두는 유치함과 모순과 죄를 반복하지 말아야 한다. 본질적으로 적그리스도적인 세상에서 하늘의 시민권을 가지고 사는 성도는 세상에 선한 영향을 미치는 것이 그 정체성이요 소명이며 당위이다. 구원의 복을 누리는 성도라면, 예수께서 다시 오실 때까지 복음 전파와 아울러 복음의 가치를 사회에 확산시키고 투입시켜 죄의 관영함을 억제시킬 의무가 있다. 이것은 세상을 향한 하나님의 사랑 표현에, 또한 그리스도의 남은 고난에, 동참하는 영광스럽고 복된 일이다. 그렇게 제자도에 충실하며 서로 합력할 때에, 기독인의 삶의 차원은 비할 수 없이 고양된다. 결국 사회 개입은 기독교의 속성이며 기독인을 온전케 하는 요건이다. 그래서 만약 입시 문제 해결을 모색하는 기독 시민운동을 해야 한다면, 그것은 무엇을 지향해야 할지, 어떤 목표를 추구할지, 그리고 가능한 방법은 무엇인지 생각해 보기로 한다.

1. 방향과 목표

다른 문제도 그러하지만 입시 문제는 더더욱 일반 사회가 해결하기 어렵다. 스스로는 헤어날 수 없어 밖에서 건져 내 주어야 하는, 한계가 분명한 가치 체계 속에 갇혀 있기 때문이다. 과거급제가 인간답게 살 수-출세할 수, 특전을 누릴 수-있는 유일한 길이어서 양반 계통의 남자는 태어나면서부터 모두 과거시험에 인생의 초점이 맞추어졌던 시스템이 붕괴될 수밖에 없었던 것처럼, 국민 모두에게 그 기회가 열린 점 외에는 사실상 그와 동일한 성격의 추구 때문에 발생한 입시 문제는 그 가치에 붙들린 사람들로서는 근원적인 해결점을 찾을 수 없다. 자질과 성향에 관계없이, 어떤 패턴의 삶을 살든지 사람의 귀함은 같으며 그러므로 다양성과 개성을 존중하는 성경적 인간관에 대해 알지 못하는 사람들에게 입시는 특권에 이르는 관문으로서의 의미가 절대적이다. 그들에게 성공적인 인생이란 학벌과 세상의 특전을 획득한 것을 뜻한다. 다수의 기독인 역시 입시에 대한 이 세속적 태도를 공유하고 있다는 점은 앞에서 지적했다. 아무리 신앙심이 돈독한 기독인도 자녀의 입시 앞에서는 그 신앙이 과연 무엇인지 의문하게 한다. 이러한 상황들을 염두에 두고 입시 문제 해결을 위한 기독 교육시민운동의 방향과 목적을 정립해 보자.

첫째, 기독 시민운동은 기독인들에게 입시 문제를 알려서 문제의식을 확산시키는 것이 우선적이다.

대부분의 사람들이 대중 매체와 경험을 통해서 입시 문제를 알고 있다고 간주하지만, 그 문제의 다면성과 심각성을 전체적으로 인식하지 못할 수 있다. 문제가 얼마나 거대하고 뿌리 깊으며 국민 다수의 삶을 피폐하게 만드는지, 그 전체 그림을 볼 수 있어야 한다. 이것이 문제 해결의 출발점이다. 그러므로 입시와 관련된 문제들에 대한 구체적이고 자세한 정보를 수집하고 정리하여 많은 기독인에게 제시함으로 문제의 전모와 고통의 실상을 직면하게 한다. 입시 문제의 참담함에 대한 기독인의 공감을 어느 정도 이끌어 내는 것이 1차적 목표이다. 우리 기독인들이 문제를 생산하는 일에 가담해 왔으면서도 개인적으로는 믿음에 의지할 수 있기 때문에 그렇지 않은 수많은 사람들이 문제에 짓눌려 있는 것을 가벼이 여기거나 대충 알고도 수수방관 혹은 속수무책이었던 것도 헤아릴 수 있게 되기를 바라는 것이다.

둘째는, 첫 번째 작업과 병행해서 이루어져야 할 것인 바, 기독 시민운동은 무엇보다 올바른 교육 가치의 정립과 보급을 목표로 한다.

올바른 교육과 입시정책에 대한 관점과 이론을 체계화하고 확산시키는 이 작업 역시 기독교 내부에서 먼저 추진되어야 한다. 우리 교육과 입시 정책이 가진 이념과 가치가 무엇인지 성경적 시각에서 비판적으로 따져 보고 그것을 성경적 교육관과 함께 명료하게 다듬어 기독인에게 유포한다. 이러한 자료는, 기존의 입시 위주의 교육이 어떤 점에서 잘못되었는지, 그것이 우리 나라의 발전에 걸림돌이 되고 있는 이유가 무엇인지, 올바른 입시정책이 어떤 것인지, 그리고 성경적 교육관이 왜 탁월한 것인지, 성경적 가치에 기초한 선한 교육과 입시제도가 개인과 사회와 국가에 어떤 유익을 가져다 주는지 객관적으로 비교하고 평가할 수 있는 근거와 증거를 포함해야 한다.[15] 기독인이 곧 성경적 교육관을 따르지 않는다 해도, 그것이 매우 바람직하며 우월하다는 인식을 하게 하거나, 기존의 교육에 대한 회의를 심화시키거나, 이 때문에 갈등과 고민에 빠지게 한다면 운동의 중요한 목표를 달성하는 것이다.

---

15) 논자가 생각하는 선한 교육이란, 사람 존중의 가치를 체득시키고 자유와 권리와 의무를 깨우치며 구애받지 않고 재능을 발산하는 것이라고 간단히 말해 두자.

셋째, 성경적 교육 가치를 추구하도록 기독인의 결단을 돕는다. 아울러 기존의 입시 위주 교육의 부당함을 사회적으로 고발하고 올바른 교육 이념과 정책을 현실화시키는 작업에 기독인이 동참할 수 있도록 환경과 기회를 제공한다. 우리의 '입시 문제'는 그 내용상 정의, 자유, 평등, 평화의 반대말이라고 해도 괜찮을 정도이다. 그러므로 입시 문제를 해결하고자 하는 노력은 사회정의를 세우는 일이다.

입시 문제는 비성경적, 반(反)성경적 인생관과 인간관에서 연유한 것이므로, 기독인이 사회의 입시 교육에 이의를 제기하지 않고 따라가는 것은 이중적 신앙 행태이다. 일반 사람들이 원하는 것은 경비와 수고를 줄일 수 있는 입시제도 개혁일 뿐이고, 오직 상위 대학만을 타깃으로 하는 자녀교육의 목표 자체를 의문시하지는 않는다. 따라서 학벌과 인생 성공의 등식관계를 숭상하는 이 사회 종교의 결정체인 입시 교육에 거부감을 느끼지 않고 그 노선을 따라 자녀교육에 몰입하는 기독인에게는 자신의 신앙을 돌아보도록 도전해야 한다. 병든 교육관으로부터 회복되고 치유받는 일이 기독인 사이에 먼저 일어나야 하는 것이다. 결국 우리 나라 기독인에게 교육의 문제는 신앙의 문제이어서, 입시 문제 해결을 위한 기독 시민운동은 신앙 점검 혹은 갱신 작업이 동반될 수밖에 없다. 달리 말하면, 입시 문제를 제쳐 놓고, 즉 입시 문제에 신앙을 적용하지 않고는, 성숙한 믿음을 기대하기 어렵다. 이런 점에서 기독 교육시민운동은 복음 신앙을 강화하고 확대하는 섬김의 도구가 될 수 있다.

비록 입시 문제에 관해 신앙적 고민을 하더라도 실제로 성경적 교육 가치를 좇아 행하는 것과는 다른 얘기다. 그래서 절대 다수가 뒤쫓아 가는 입시 위주 교육 대신 선한 교육을 개인적으로 추구하기란 불가능에 가깝다. 시민운동은 선한 교육을 원하는 기독인을 서로 만나게 해서 생각과 마음을 나누고 서로 도전하고 격려하여 입시 문제를 복음에 복속시키는 능력을 배양하는 것을 목표로 한다. 많은 기독인이 그러한 능력을 얻게 되는 것이 우리 나라 입시 문제 해결의 지름길이지만, 이것은 먼저 결심한 기독인들의 단체적, 연대적 노력이 지속적으로 밑받침될 때에만 진척될 수 있다. 연대적 노력의 주요 목표는 여론 만들기이다. 기독교 내부에서 먼저 입시 문제에 대한 문제의식, 선한 교육 가치에 대한 인식, 교육에 대한 신앙적 결단의 필요성을 전파하여 하나의 여론이 되게 한다면, 사회로 그 여론을 확산시켜 공론화하는 것은 순차적으로 가능한 일이다.

넷째, 우리 사회에 맞는 선한 교육의 내용과 방법을 개발하는 것도 중요하다. 선한 교육은 성경적 가치에 근거하는 것이니 그 내용과 방법은 기독인에 의해 탐구되고 고안되어야 마땅하다.

교육의 내용과 방법은 한 국가의 이념, 가치, 인식 체계를 담는 그릇이다. 특히 교과과정에는 지배세력의 이념이 녹아 있고 그것은 오래도록 대중의 의식을 지배한다. 역으로 이것은, 만약 계속해서 기독인이 교육 내용과 학습 방법에 영향을 미치지 못한다면 지금까지 그래왔던 것처럼 다수 기독인은 이중적 세계관을 가질 수밖에 없다는 것을 의미한다. 세상의 생각과 뜻으로 채워진 학교 교육에 자녀들을 그대로 노출시켜 둔 채 교회 교육에만 열을 올리는 것은 소모적이고 어리석은 면이 있다.

기독 시민운동은 성경적 세계관과 가치관에 바탕을 둔 커리큘럼을 개발하고 이것을 공교육의 교과과정에 반영시킬 수 있는 개입의 방식을 찾아야 한다. 국민의 정신과 인식 구조를 결정 짓는 이 중차대한 영역에 진리의 빛을 반사시키는 것은 비단 기독인만이 아니라 이 사회를 위해서도 크나큰 가치가 있다. 왜냐하면 국가적으로 당면과제인 새로운 차원의 문화발전은 그 원동력이 창의력과 상상력인데 기존의 교육은 오히려 이를 제한하는 기능을 하기 때문에, 사람을 자유하게 하는 진리에 바탕을 둔 지식 체계가 투입되면 옥죄인 교육이 점차 해방될 것이고 문화 발전을 위한 국민의 정신적 역량도 높아질 것이다.

지금 우리 나라의 가치 체계는 극히 산만하여 거의 공백 상태이기 때문에, 미래의 교육 발전과 국가 경쟁력 향상은 다음 한 세대 동안에 누가, 어떤 가치로 교육 내용을 구성하느냐에 따라 달렸다. 사회에서도 교육 내용의 변화에 대한 욕구가 응집되고 있고 어떤 방향으로든 해법을 찾으려 하고 있다. 그래서 커리큘럼과 교수 방법상의 진전이 일어날 가능성이 많다. 그러나 진리와 거리가 먼 옛 교육관이 변하지 않은 채 나타나는 그러한 진전은 진정으로 선한 교육을 일으키는 것이 아니다. 잠시 그렇게 보일 뿐이다.

하지만, 우리 사회에서 기독교적 교과과정을 개발하여 공교육에 투입시키고자 하는 것은 하나의 혁명을 시도하는 것과 방불하다. 모든 지식은 그 이면에 나름의 가치 체계를 갖고 있으므로, 교육 내용의 변화는 가치들의 투쟁을 내포한다. 때문에 교회와 기독교 문화의 영향력만큼만 가능한 일일지 모른다. 그러나 우리에게 주어진 진리는 세상의 어떤 것에 비할 수 없이 탁월하여 빼어난 지식 체계를 산출할 수 있게 하고 어떤 문제에도 해결 경쟁력이 높다. 기독인의 노력으로 선한 교육의 내용과 방법을 고안해 내놓는다면 세상도 그 우월성을 인정할 것이고 모두에게 혜택이 주어질 것이다.

교과과정의 갱신 작업이야말로 입시 문제 해결의 열쇠이고 기독인이야말로 이 일을 가장 잘 할 수 있는 적임자이다. 물론 수준 높은 지성과 학문적 성과가 밑받침되어야 하고 깊은 영성의 안내를 받아야 하는 일이다. 이미 이 분야를 개척하기 시작한 기독인들이 있지만, 앞으로 많은 시간과 다양한 분야의 인력이 요구되는 작업이다. 그래서 기독 시민의 공동 노력이 절실히 필요하다.

다섯째, 입시 문제 해결을 위한 기독 시민운동은 믿음의 행함과 은사 개발에, 사회적 책임수행에, 기독인의 공동체성의 확대와 강화에, 그리고 나아가서 사회의 민주성과 도덕성을 끌어올리는 데 기여할 수 있다.

시민운동은 참여자들이 각각 다른 재능의 고유한 가치를 인정하는 성숙함에 이르는 것, 사회 문제에 대한 분별력과 사회의 고통에 공감하는 감수성을 발달시키는 것, 사람 존중과 이웃 사랑의 자세를 훈련하고 내면화하는 것을 중요한 목표로 삼아야 한다. 또 활동 과정에서 기독인은 재능을 새롭게 발견할 수 있고 각종 은사를 충분히 발휘할 기회를 얻는다. 자신의 재능은 사회 문제의 해결을 위해서도 주어졌음을 깨닫게 된다. 시대와 세대를 아우르는 하

하나님의 다스리심과 섭리를 알아 가고, 그 눈으로 자신과 사회를 객관적으로 보게 된다. 자신의 죄와 사회의 죄의 연결성을 느낄 수 있고, 더욱 참된 겸손과 순종과 헌신을 갈망하게 된다. 그러므로 시민운동에서 참여하는 그 자체가 기독인의 신앙 훈련과 선한 교육의 실험장이 된다.

기독인의 연대 활동이 교회의 공동체 의식과 정체성을 강화시키는 것은 당연하고 또 그렇게 되어야 한다. 지역교회와 교파를 넘어서서 기독인이 합력할 때 교회는 더욱 교회답게 되고 구원의 방주, 세상의 등대 역할을 다 잘 수행할 수 있다. 기독인이 연합한다면 그 힘은 매우 클 수 있고 입시 문제와 같은 전 사회적인 문제의 해결에 크게 기여할 수 있다. 기독 교육시민운동이 작은 규모라도 출발한다면, 그러한 연합적 대응을 이끌어 내는 기초가 될 것이다.

시민단체는 그 존재 자체가 조직력, 행정력, 기금조성 능력, 활동력 등 다방면의 재능의 조합에 기반을 둔다. 그리고 시민협회는 자발적인 참여와 민주적이고 개방적인 운영이 핵심이다. 이 모든 특성을 교회만큼 잘 습득할 수 있는 곳도 드물다. 말씀의 기준에서 보면 아직 많이 부족해도 교회는 끊임없이 성도 각자의 은사와 소명을 발견하고 섬김에 나서도록 독려한다. 재래의 인습과 관행이 견고한 이 사회에서 그나마 교회는 가장 민주적이고 자발적 조직이다. 사실상 기독인은 시민운동을 가장 잘 할 수 있는 잠재력을 가지고 있다. 이 실력을 일깨워 사회를 위해 사용한다면 우리 국민의 진정한 선진화가 촉진되고 교회의 능력은 배가될 것이다. 서구 기독교 국가들에서 민주주의와 시민사회 발달이 먼저 시작되었고 성숙한 것 역시 과거 국민들의 교회생활과 기독교적 정신이 그 결정적 요인이다.

기독 시민운동은 그 구성원이 성경적 덕목 실천에 진력함으로 사회의 질적 도덕적 향상을 주도할 수 있다. 입시 문제가 어느 정도 해결된다고 해서 사회의 윤리 문제나 청소년 문제가 줄어드는 것은 아닐 것이다. 사회의 도덕성을 바로잡는 데 기독인이 깊이 헌신하지 않으면 미래의 우리 사회는 물론이고 교회도 위태롭게 된다. 선한 교육 가치를 전파하고 실현하고자 하는 기독 교육시민운동은 입시 문제와 사회의 도덕성 치유 못지않게 교회의 수호를 위해서도 요긴하다. 회원이 사람 존중, 공동체성, 민주성, 자율성, 투명성, 합리성, 섬김, 양보 등을 익히고 체질화하는 것을 큰 목표로 삼는 시민운동이라면, 그러한 덕목 자체가 사회의 빛이요 소금이기 때문에, 우리 사회를 정화시키고 순화시키는 능력이 있다. 그러므로 입시 문제 해결을 위한 기독 시민운동은 성경적 대안을 찾고 실행하면서 종국적으로 선한 사회의 발달을 위한 문화운동을 지향한다.

2. 방법론

입시 문제 해결을 위한 기독 시민운동의 방법론은 소그룹 만들기와 소그룹의 활동 전략 개발, 그룹들의 네트워킹과 연대 활동이 그 골자다.

소그룹은 구성원의 성격에 따라 크게 교사모임, 연구모임, 일반시민모임으로 구별할 수 있다. 2장에서 보았듯이, 산하 소그룹들을 포함한 기독 교사연합단체와 연구단체는 공동으로 더 구체화된 목표를 설정하고 활동하기 시작했다. 즉 단체들의 특수성의 발전과 아울러 연대 활동의 확대는 시너지 효과를 낼 가능성을 보이고 있고, 교육 개혁의 대의와 기독 시민운동의 필요성에 공감하는 기독인들을 결집시키는 토대가 될 수도 있다.

여러 교육운동단체들은 또 직간접적으로 교육과 관련성이 있는 다른 기독교 단체들과의 연대와 협력도 앞으로 가능하리라 본다. 가령, '기독교학문연구소', 커리큘럼 연구자들, 기독교 대안 교육 실천가들, '기윤실'의 관련 프로그램들과 소통하고 교류하게 되면, 활동의 중첩 부분을 조절할 수 있어서 개별적인 전문성과 연합 활동의 효율성을 제고할 수 있다. 무엇보다 개별 단체의 참여자들이 여러 지체들과의 유대감을, 그리고 지체들의 활동 전체에 대한 감각과 지식을 가질 때에 통찰력이 깊어지고 차원 높은 연합과 섬김을 체득하여 진정한 기독교적 지성과 도덕성을 쌓아 가게 된다. 입시 문제 해결을 위한 시민운동의 성장은 기독인의 공동체성에 대한 각성의 정도와 연합의 능력에 따라 진척도가 달라질 것이다.

이제 학부모를 중심으로 하는 시민그룹 쪽에서 입시 문제 해결을 위한 기독 운동에 나서야 할 시점이다. 앞에서 서술한 교육운동의 방향과 목표 설정도 상당 부분 교사나 교육 전문가가 아닌 기독 시민을 염두에 둔 것이다. 이 그룹이 더해져야만 기독 교육시민운동이 완전한 형태를 갖추게 된다. 교사단체, 연구단체, 일반시민단체가 고유한 활동 영역을 확보하면서 공동 작업을 확대, 심화시켜 나갈 때, 입시 문제 해결을 비롯한 교육 개혁의 대장정에 본격적으로 진입할 수 있다.

교육운동에 기독인의 참여를 이끄는 방법의 하나는 기존의 단체들이 기독인과 교회에 자신들의 존재와 활동과 성취를 더 많이 알리는 것이다. 기독교계의 방송과 언론, 기독인 단체 활동 등에 홍보를 활발히 하여 적극적인 후원자와 회원을 늘릴 뿐 아니라 학부모를 포함한 기독 시민의 관심을 불러일으키는 것이 필요하다. 앞으로 '좋은교사 운동', '사교육 걱정 없는 세상', '입시 사교육 바로 세우기 기독교운동', 기독교학교교육 연구소의 '학부모교실'과 같은 시민운동에 대한 정보가 기독인들 사이에 상식이 되도록 만드는 것을 하나의 목표로 삼아도 좋겠다. 이를 위해서 여러 단체들 사이의 홍보 네트워크를 구성하는 것도 한 방법이 된다.

시민모임보다는 학부모모임을 먼저 만드는 것이 구체적이고 현실적이다. 학부모 중에서도 어머니모임을 만들기가 더 수월하고 가능성이 많다. 가령, 기독교학교교육 연구소의 '학부모교실' 수강자 중에서 교육운동에 관심을 가진 어머니들이 소그룹모임을 시작할 수 있다. 연구소 측과 교육시민운동을 보급하고자 하는 기윤실이 자원자를 발굴하고 모임을 만들도록 지원하는 일에 협동할 수 있을 것이다. 기독교학교나 교회학교의 학부모모임이 사회의 교육의 개선을 위한 활동을 겸하는 것도 좋은 방법이다. 그러므로 반복하자면, 기존의 교육운동단체들이 각 단체의 활동에 접근, 참여할 수 있는 기회를 학부모들에게 더 많이 제공하는 것이 우선적이다. 교육운동을 접하면서 듣고 보는 가운데 학부모모임의 필요성을 자각하는 자원자들이 나타날 수 있기 때문이다. 사실 기독 시민운동과 교육운동의 성공의 열쇠는 학부모·시민모임이다. 기존의 단체들이 교회 내부의 사람들에게 공감을 일으키고 지원을 끌어내지 못하면 한계점이 멀지 않을 수 있다. 적극적 호응을 보이는 소수를 확보해 학부모모임의 모델을 확립하는 것이 관건이다.

학부모모임의 내용을 무엇으로 채우느냐 하는 것이 중요한데, 크게 교제, 학습, 활동으로 구성해 볼 수 있다. 좀 더 자세하게는, 자녀교육의 현실적인 당면 문제와 경험 나누기, 복음 신앙의 확인, 성경적 세계관과 교육관의 체계적 학습, 교사단체와 연구단체를 위한 지원 혹은 교육시민단체들과의 연대 활동, 학부모모임의 보급 등이 있다.

교회 내에서의 학부모모임은 여성모임의 형태로 시작하는 것이 용이하다. 모임은 회원들의 자발성을 높이는 것에 중점을 두어야 한다. 학습조차도 일방적인 전달보다는 스스로 생각하도록 유도하는 방식이어야 한다. 강의자나 리더는 회원의 직접 찾아보기와 그룹 협동으로 탐색하고 해결 찾기, 그리고 토론을 학습의 주축으로 삼는 것이 좋다. 즉 학교가 자녀들에게 해 주기를 바라는 올바른 학습 방법을 부모가 경험해 보는 것이다. 창의력과 자발성을 발휘하게 하는 교육을 거의 받아 보지 못한 어른들이 이러한 실습을 통해 그 유익을 알게 된다. 이렇게 함으로써 올바른 학습법에 대한 신념을 갖게 되고 교육 개혁 운동에 참여하는 동기부여도 강화된다. 더불어서 우리 교육에서 결여된 민주성, 타인 존중, 협동심 등도 더 잘 습득할 수 있다. 핵심은, 교육을 바꾸기 원하는 사람 자신이 그 바라는 바를 먼저 해 보는 것이다. 그래서 자신이 변하지 못한다 하더라도 최소한 지향할 바에 대한 깊은 이해와 공감을 얻을 수 있다. 그 학습 방법이 물론 현실적으로 생소한 것이어서 정착시키는 데는 시간이 걸리고 시행착오가 따르기 마련이지만, 교회 내에서는 충분히 가능하다고 본다.

학습 내용은 처음부터 교육에 관한 것이거나 교육이 중심이 될 필요는 없으나, 입시를 둘러싼 교육의 문제를 정확히 파악하는 것과 교육의 성경적 원리를 익히고 재정립하는 것을 두 축으로 삼아야 한다. 그러면서도, 교육은 사실 여러 가지를 포괄하는 것이기 때문에, 성경적 세계관, 문화관, 가정관, 경제관 등을 거쳐 최종적으로 교육관에 접근하는 것이 바람직할지 모른다. 이 과정에서 우리 나라의 문화, 역사, 가치, 교육을 대비시키고 객관적으로 볼 수 있는 자료를 접하면 더욱 좋다. 이 같은 종류와 차원의 학습이 교육시민운동의 응집력과 지속성을 담보할 수 있다. 결국, 이것은 개별 학부모모임에게 그러한 프로그램이나 학습 안을 제공해 줄 사령탑 혹은 센터가 있어야 한다는 것과 이 센터를 구성할 인력, 즉 관련 연구자들의 협력과 새로운 작업이 있어야 한다는 것을 의미한다. 교육운동만을 위해서가 아니라 교회를 위해서도 기독인이 삶의 주요한 영역에 대한 성경적 관점을 체계적으로 쉽게 학습할 수 있는 자료가 널리 보급되어야 할 단계이다.

학부모모임의 활동은 기존의 교육운동단체를 지원하는 것을 우선시해야 할 것이다. 그 단체들과의 관계는 굳이 표면적으로 드러나는 형식을 띠지 않아도 되겠고, 지도그룹 사이에서 소통의 채널을 마련하여 지원의 공급과 수요를 관리하는 시스템이 적절하리라 본다. 이 모든 과정에서 학부모모임 고유의 영역을 확보할 수 있고, 자신의 재능과 은사도 새롭게 발견할 수 있다. 학교현장, 교육정책에서의 문제 해결과 교과과정의 개발에도 학부모의 재능은 활용될 수 있고, 이러한 작업에 참여하는 학부모는 무엇보다 교회의 주일학교 교육의 개선에도 크게 기여할 수 있다.

마지막으로, 입시 문제 해결을 위한 기독 시민운동의 방법론을 찾는 입장에서 영국의 노예제 폐지 시민운동이 실행했던 주요 전략을 살펴봄직하다. 1727년에 몇 사람의 문제 제기로 시작된 노예제반대론이 1790년대부터 참여자들이 늘어나면서 시민운동으로 규모가 커졌고 세세한 실천 전략들을 구상하고 수행할 능력을 갖게 되었다. 운동의 주된 방법은 첫째로 노예제의 비도덕성과 악함을 대중에게 알리는 것, 둘째 노예제 폐지법을 의회에 촉구하는 것(1791년-1833년 사이 40여 년간 계속해서 의회에 청원하여 통과되었다), 셋째, 해방 노예와 탈출 노예의 새 터전이 되도록 서아프리카에 자유지역을 마련하는 것, 넷째, (실상 공개, 호소, 노예 그룹 조직 등) 노예들의 참여를 유도하는 것, 다섯째, 현장 조사와 인터뷰 등 자료 수집, 연구와 저술과 출판, 그리고 전국 지부 단체와의 네트워킹, 여섯째, 식민지에 선교사를 파송하여 복음을 전파하는 것 등이었다. 이러한 것은 모두 노예제 폐지운동에 대한 대중의 관심을 모으는 데 기여했다. 우선 실패하더라도 계속 의회에 청원하여 정치권과 사회의 이슈로 만드는 것 자체가 대중에게 홍보하는 효과가 있었다. 의원들에게 로비하기, 저술과 출판을 통해 실상을 낱낱이 알리고 비판하기, 도시와 마을을 돌며 순회 강연하기, 집회를 통해 모금하기, 프린트물, 포스터, 팜플렛 유포시키기, (문구를 새긴) 메달, (그림을 넣은) 도자기, 조각품-TV가 없었으므로-제작하기 등으로 끊임없이 국민들이 노예제 문제를 생각하도록 만들었다.

V. 결론

올바른 기준을 보여 주는 것도 입시 문제 해결을 위한 중요한 한 방법이므로 기독교 대안학교와 교회학교 설립운동도 기독 교육시민운동의 큰 부분이다. 그러나 그것은 해당 전문가가 다루어야 할 큰 주제이고 또 본고가 입시 문제 해결을 위한 기독인의 (교회 밖의) 사회 개입에 초점을 두었으므로 논외로 하였다.

기독교 밖의 교육시민운동에 비하면 규모가 상당히 작은 편이지만, 교사와 교육 전문가를 중심으로 하는 기독 교육시민운동은 순수성과 열정과 전문성을 가진 교육 개혁의 주체로 세워져 가고 있다. 불과 10여 년 동안에, 국가의 선진화를 위해 입시 위주 교육을 바로잡아야 하는 시대적 요구와 사회 개입의 복음적 모델을 필요로 하는 한국의 교회사적 요청을 모두 담아낸 점에서 그것은 의미 있는 성취를 일구어 냈다. 이제 학부모를 비롯한 기독 시민운동이 조성되는 것은 필연적인 일이다. 교육의 주된 수요자일 뿐 아니라 교회 인구의 다수를 구성하고 있는 기독 학부모그룹이 입시 문제의 해결 모색에 합류하는 것은 지당하다. 기독 학부모·시민의 참여야말로 교육 개혁을 위한 기독 시민운동의 성장과 교회의 사회적 책임 수행 양면에서 기폭제 역할을 할 수 있다. 그러므로 터가 잡힌 교육운동단체들이 학부모모임의 조직을 지원하면, 학부모단체가 다시 그 단체들을 지원하고 기독 교육운동 전체의 연대와 협력이 이루어지게 된다.

학부모를 중심으로 하는 기독 교육시민운동을 어떻게 조직하고 어떤 활동 내용을 수립할 것인가에 대해서는 본론에서 논의된 것 이상으로 더 많은 연구와 숙고를 거쳐 정비되어야 할 것이다. 다만 입시 문제의 해결 방안을 찾는 기독 시민운동은 복음 신앙의 성숙과 제자도의 실천을 주목적으로 삼고, 교육과 사회 문제 전반에 대한 참여자들의 관심 개발과 성경적 원리 습득에 주력해야 함은 당연한 일이다. 이것을 원활하게 하는 방법이나 프로그램의 고안은 창의적인 작업이어서 관련 기독인들의 헌신이 필요하다. 한 마디로, 입시 문제 해결은 누군가가 해야 할 시대적 사명이다. 그리고 입시 문제의 족쇄를 풀 열쇠를 가진 누군가가 있다면 그들은 바로 진리와 자유를 아는 기독 시민들일 것이다. 이 사회가 스스로 알 길이 없겠지만, 교육계는 하나님의 자녀들이 나타나기를 고대하고 있다.

참고 문헌

기독교윤리실천운동 신학위원회 (2002), 『교회와 사회』, 서울: 성광문화사
기독교학교교육연구소 (2008), 『입시에 대한 기독교적 이해』, 서울: 예영커뮤니케이션
대천덕 (1994), 『신학과 사회에 대한 가르침』, CUP
양낙홍 (1994), 『개혁주의 사회윤리와 한국 장로교회』, 서울: 개혁주의신행협회
Bebbington, D. W. (1989), *Evangelicalism in modern Britain: a history from the 1730s to the 1980s*, London : Routledge
Best, G. (1971), *Mid-Victorian Britain 1851-1875*, London: Weidenfeld and Nicolson
Bradley, I. (1976), *The Call to Seriousness: The Evangelical Impact on Victorians*, London: Cape
Ditchfield, G. M. (1998), *The Evangelical Revival*, London: UCL Press
Green, M. (1979), *Evangelism: now and then*, England: IVP
Harris, J. (1994), *Private Lives, Public Spirit*: 1870-1914, New York: Oxford University Press
Harrison, J. F. C. (1979), *Early Victorian Britain, 1832-51*. London: Fontana
Heasman, K. (1962), *Evangelicals in Action: an Appraisal of Their Social Work in the Victorian Era*, London: Geoffrey Bles
Himmerfarb, G. (1996), *The Demoralization of Society: From Victorian Virtues to Modern Values*, London: IEA Health and Welfare Unit
Holladay, J. D. (1982), English Evangelicalism, 1820-1850: Diversity

and Unity in Vital Religion. *Historical Magazine of the Protestant Episcopal Church*, 147-57.

Loyd-Jones, M. (1987), *The Puritans: Their Origins and Successors*, 서문강 옮김(1990), 『청교도 신앙: 그 기원과 계승자들』, 서울: 생명의말씀사

Prochaska, F. K. (1988), *The Voluntary Impulse: Philanthropy in Modern Britain*, London: Faber

_____ (1980), *Women and Philanthropy in Nineteenth-Century England*, Oxford: Clarendon press

Royle, E. (1997), *Modern Britain: A social history 1750-1997*, London: Edward Arnold

Sider, R. J. (c 2005), *The Scandal of the Evangelical Conscience: why are Christians living just like the rest of the world?* 이지혜 옮김 (2005), 『그리스도인의 양심선언』, 서울: IVP

Smout, T. C. (ed) (1992), *Victorian Values*, Oxford: Oxford University Press

Stott, J. (1984), *New Issues Facing Christians Today*, 정옥배 옮김 (2005), 『현대 사회문제와 그리스도인의 책임』, 서울: IVP

Temple, W. (1942), *Christianity and Social Order*, 김형식 옮김(2000), 『기독 시민의 사회적 책임』, 인간과복지

Thompson F. M. L. (ed), (1990), *The Cambridge Social History of Britain 1750-1950*, V. 3, Cambridge : Cambridge University Press

Wolffe, J. (1995), *Evangelical Faith and Public Zeal: Evangelicals and Society in Britain 1780-1980*, London: SPCK

www.britannica.com

입시 문제 해결을 위한 한국교회의 역할

박상진 교수

서울대학교 대학원 교육학과(M.Ed.)
장로회신학대학교 신학대학원(M.Div)
장로회신학대학교 대학원 기독교교육학과(M.A)
버지니아유니온신학교(Union-PSCE) 기독교교육학과(MA, Ed.D)
현 기독교학교교육연구소 소장
현 장로회신학대학교 기독교교육과 교수
현 입시 사교육 바로 세우기 기독교운동 공동대표

입시 문제 해결을 위한 한국교회의 역할

박상진 | 장로회신학대학교 기독교교육과, 기독교학교교육연구소 소장

I. 서론: 연구의 목적과 방법

한국사회의 가장 심각한 문제는 교육 문제이고, 교육 문제의 가장 근본적인 원인은 입시라고 할 수 있다. 입시로 인해서 사교육이 팽창되고, 조기유학과 청소년 자살 등 수많은 고통의 증상들이 나타나고 있다. 거의 모든 국민이 입시로 비롯된 교육 문제로 인해 고통당하고 있다고 해도 과언이 아니다. 오늘날의 한국 교육의 현실은 하나님이 원래 의도하신 교육의 모습이 아니고 왜곡되고 뒤틀린 채 수많은 사람들에게 고통을 안겨 주고 있다. 그 한복판에 입시 문제가 존재하는 것이다. 입시 문제는 사회 문제이고 교육 문제이지만 어떤 가치가 개입되어 있는 도덕적, 윤리적 문제이며, 동시에 인간의 본성이 개입되어 있는 영적 문제이기도 하다.[16] 사실 기독교인은 기독교적 관점으로 입시 문제를 바라보며 이를 해결할 수 있는 대안을 제시하고 실천할 수 있어야 한다. 그러나 그동안 한국교회는 입시 문제의 해결을 위하여 어떤 역할을 감

---

[16] 본 연구는 필자가 지난 해 기독교학교교육연구소의 연구과제로 수행하였던 '입시에 대한 기독교교육적 이해'에 대한 후속연구의 성격을 지니고 있다. '입시에 대한 기독교교육적 이해' 연구에서 입시의 성격을 문화적, 교육학적으로 규명하고 있다.(박상진, '입시에 대한 기독교교육적 이해', 『입시에 대한 기독교적 이해』(서울: 예영커뮤니케이션, 2008) 참조.)

당하기보다는 입시 문제에 의해 영향을 받는 소극적, 수동적 위치에 있었다. 수능기도회를 비롯하여 입시를 치르는 자녀들을 격려하는 일은 감당했지만, 입시 문제 자체를 해결하려는 적극적이고 능동적인 노력을 기울이지 못했다. 그러나 기독교가 기독교의 본래 정신에 충실하고, 교회가 하나님의 의와 하나님의 나라를 추구하게 된다면 교육의 영역에서도, 특히 입시 문제에 대해서도 선한 영향력을 끼칠 수 있고, 또한 끼쳐야 한다. 이 연구는 입시 문제 해결을 위해 과연 한국교회가 어떤 역할을 감당할 수 있는지, 그리고 감당할 수 있다면 어떻게 감당할 수 있는지를 논의하려고 한다. 먼저 신학적으로 교회의 정체성을 확인하고, 교회와 하나님 나라의 관계를 조명함으로써, 교회가 교육의 영역에서 하나님 나라를 이루어야 할 책임과 당위성이 있음을 논증하려고 한다. 또한 한국교회가 한국사회 안에서 입시 문제 해결을 위해 구체적으로 어떤 역할을 감당하여야 할지를 파악하기 위해 한국교회의 목회자들의 입시에 대한 의식조사를 실시하였다. 이 설문조사는 현재 한국교회 목회자들이 어떻게 입시를 이해하고 있고, 한국교회 안에서 어떤 입시 문화가 형성되어 있는지를 분석하고, 나아가 입시 문제 해결을 위해 목회자와 한국교회가 어떤 역할을 감당할 수 있을지를 파악하기 위한 것이다. 이러한 설문조사의 분석을 근거하여 한국교회가 입시 문제를 해결할 수 있는 방안을 모색하고 구체적인 과제와 전략을 제시하려고 한다.

II. 한국교회가 입시에 관심을 가져야 하는 이유

한국교회가 입시에 관심을 갖고, 입시 문제의 해결을 위해 역할을 감당해야 할 이유가 무엇인가? 신학적인 논의를 하기 이전에 먼저 한국교회 현장으로부터의 요청에 귀를 기울인다면 한국교회가 입시에 관심을 가져야 하는 이유를 파악할 수 있다. 여기에서는 선행연구를 참고하여 그 이유를 설명하고자 한다.

첫째, 입시는 교인들의 가장 큰 관심사 중의 하나이다. 한국교회 교인들의 대부분은 학부모들이다. 이들의 기도제목에서 가장 우선순위를 차지하는 것 중의 하나가 자녀들의 학업 문제, 특히 입시 문제이다. 한국교회가 교인들의 문제를 외면하지 않고 진정한 관심을 갖고 있다면, 입시에 주목하지 않을 수 없다. 너무나 많은 교인들이 자녀들의 입시 문제로 인하여 아파하고 있고 고민하고 있다. 김창환은 '한국교회에서의 입시 이해'라는 연구에서 한국교회 교인들을 대상으로 실시한 교육 의식에 관한 설문조사 결과를 분석하여 설명하고 있는데, 대부분의 교인들이 교육을 희망인 동시에 고통으로 인식하고 있음을 밝혔다.[17] 한국교회 교인들의 교육 현실에 대한 생각은 다음의 도표와 같다.

〈표 1〉 교육 현실에 대한 생각

구분	희망이요 기쁨이다	고통이다	희망인 동시에 고통이다	둘 다 아니다	합계	결측치
빈도(명)	25	299	398	67	789	25
비율(%)	3.2	37.9	50.4	8.5	100.0	

즉, 교육 현실을 '희망인 동시에 고통이다'고 응답한 교인들이 50.4%로 가장 많았고, 그 다음이 '고통이다'고 응답한 경우인데 37.9%에 달하였다. 전체적으로 고통스러운 현실로 받아들이고 있음을 알 수 있다. 교인들은 사교육에 대해서도 향후 계속 늘어날 것이라고 전망하고 있는데, 66.1%가 늘어날 것이라고 응답하였다. 이는 줄어들 것이라고 응답한 교인들(5.7%)보다 훨씬 높은 비율이다.

---

17) 김창환, '한국교회에서의 입시 이해', 박상진 외, 『입시에 대한 기독교적 이해』, 110.

〈표 2〉 한국 사교육 전망

구분	줄어들 것	현재와 비슷	늘어날 것	잘 모르겠음	합계	결측치
빈도(명)	46	192	530	34	802	12
비율(%)	5.7	23.9	66.1	4.2	100.0	

　이런 결과를 분석해 볼 때 교인들이 한국의 입시, 사교육 문제를 포함한 교육 현실에 대해서 부정적으로 인식하고 있음을 알 수 있다. 그러나 한국교회가 이들의 문제에 어느 정도 관심을 갖고 기독교적인 해결책을 찾거나 도움을 주기 위해 노력하고 있는가? 한국교회가 교인들을 사랑한다면 그들의 가장 큰 관심인 자녀교육 문제, 특히 입시 문제에 대해 관심을 갖고 그들과 함께 아파하며 이에 대한 하나님의 해결책이 무엇인지를 찾아야 한다.

　둘째, 한국교회가 입시에 관심을 가져야 하는 또 하나의 이유는 입시 문제가 신앙문제이기 때문이다. 오늘날 한국교회 교인들의 입시에 대한 태도는 상당부분 이원론적이라고 할 수 있다. 신앙은 신앙이고 입시는 입시라는 생각이 팽배하다. 신앙이 있고 기독교적 가치관이 있지만 이러한 신앙과 가치관이 입시에 투영되지 못한 채 분리되어 있다. 신앙이 좋은 성도지만 자녀들의 입시 문제에 대해서는 세속적인 경우가 많다. 한국교회 교인들의 입시에 대한 태도는 일반인들의 태도와 거의 차이점을 발견할 수 없는 것처럼 보인다. 김창환의 '한국교회에서의 입시 이해' 연구에 따르면 교인들의 자녀에 대한 희망교육 수준이 비교적 높은 것으로 나타났다.

〈표 3〉 자녀의 희망 교육 수준

구분	고등학교	전문대학	대학교	대학원 석사	대학원 박사	잘 모르겠다	합계	결측치
빈도(명)	2	8	299	148	285	48	790	24
비율(%)	0.3	1.0	37.8	18.7	36.1	6.1	100.0	

즉, 한국교육개발원이 조사한 일반 학부모들은 자녀의 희망 교육 수준이 '대학원 박사'인 경우가 고등학교, 중학교, 초등학교 자녀를 둔 부모별로 각각 14.9%, 20.0%, 29.7%로서, 교인들의 경우(36.1%)가 더 높음을 알 수 있다. 이는 교회 교인들이 오히려 더 고학력을 추구하고 있는 것으로 해석할 수 있다. 물론 이것은 한 예에 불과하지만 기독교인이 자녀교육에 있어서는 비기독교인 부모와 크게 다르지 않음을 드러내는 것이다. 이는 입시에 대해서도 크게 다르지 않으리라는 예측이 가능한데, 신앙인이지만 입시에 대해 신앙적인 관점으로 바라보지 않는 경향이 있을 수 있다. 신앙과 입시를 연계시키고, 기독교적 가치관으로 입시를 바라보고, 자녀들로 하여금 그런 가치관을 갖도록 도와주어야 한다.

셋째, 교회학교의 회복을 위해서이다. 한국교회의 교회학교가 위기를 경험하고 있는 중요한 원인 중의 하나가 입시에 대한 신앙적 관점의 미확립이라고 할 수 있다. 입시라고 하는 파도가 교회학교에 몰아닥치면 교회학교는 그것을 향해 분명한 신앙적 관점으로 대처하는 것이 아니라 파도에 휩쓸려 가는 경향이 있다. 교회의 목사, 장로, 권사, 집사의 가정이라고 하더라도 입시로 인해 자녀들을 교회학교에 보내지 않거나 최소한의 참여로 제한하는 경우를 흔히 볼 수 있다. 수능이나 모의고사가 다가오거나 학원이나 과외학습으로 인해 교회학교에 더 이상 출석하지 못하는 경우가 비일비재하다. 필자가 최근 한국교회 교회학교 학생 1,019명을 대상으로 한 설문조사연구에 따르면, 주일에 교회에 못 나오는 가장 큰 이유가 학원에 가기 때문이다.[18]

〈표 4〉 학생들이 교회에 못 나오게 되는 이유 (복수응답) (N=998)

	빈도	유효 퍼센트
학원(학교)에 가야 하기 때문에	252	25.4

18) 박상진, '한국 교회교육 위기 극복을 위한 새로운 접근: 교회, 가정, 학교의 연계', 입시, 사교육바로세우기 기독교운동 편, 「교회학교 부흥에 대한 새로운 접근」(세미나 자료집, 2008), 10.

학원에 가지는 않지만 공부를 하기 위해	78	7.8
교회에 친한 친구가 없어서	93	9.3
예배나 교회 활동이 재미없기 때문에	202	20.2
늦잠을 자서	244	24.4
시험(한자, 컴퓨터, 영어 등)으로 인하여	114	11.4
기타	135	13.5

교회학교 학생들이 교회학교에 나오지 못하는 이유로서 가장 높은 비율을 차지한 것이 '학원에 가야 하기 때문에'로 25.4%를 차지하였다. '학원에 가지는 않지만 공부를 위해서'(7.8%)나 '시험 등으로 인하여'(11.4%)를 합한다면 44.7%나 된다. 이는 일반적으로 교회에 나오지 않는 이유가 예배나 교회활동이 재미가 없기 때문이라고 생각하는데 이보다 훨씬 중요한 이유가 바로 입시 준비로서 학업 문제, 특히 학원의 영향임을 알 수 있다. 이는 교회학교 부흥을 위해서는 아이들의 눈높이에 맞춘 프로그램의 개발도 중요하지만 이보다 더 중요한 것이 학원 문제를 비롯한 입시, 사교육 문제에 대한 교회의 근본적인 대안이 필요함을 알 수 있다. 한국교회와 교회학교는 입시에 대한 분명한 관점을 확립하고 입시에 떠밀려 가는 것이 아니라 신앙적 주체성을 갖고 대처하여야 한다. 이는 교회학교를 위기로부터 구할 수 있는 가장 중요한 방안이기도 하다.

넷째, 교육 고통을 치유해야 하기 때문이다. 오늘날 수많은 아동과 청소년들이 입시로 인해 고통당하고 있다. 조기유학과 기러기 아빠, 학원과 과외를 비롯한 사교육의 팽창, 학교 안과 밖에서 벌어지는 피 말리는 경쟁, 스트레스를 견디지 못하고 죽음을 택하는 청소년 자살 등 입시로 인해 아동과 청소년들이 당하는 고통의 증상들은 헤아릴 수 없다. 제대로 잠을 자지 못하는 수면권의 침해, 제대로 운동하고 전인적인 성숙을 도모하지 못하는 기본적인 인권의 침해라는 면에서도 교육은 심각한 고통을 주고 있다. 역사적으로 볼 때 한국교회가 다른 고통에 대해서는 그래도 부족하지만 응답해 왔다. 정치적 고통을 해결하기 위한 민주화 운동, 가난의 고통을 해결하기 위한 구제 및 노동 운동, 최근에는 파괴된 환경으로 인한 고통을 해결하기 위한 환경 운동 등의 노력을 기울이고 있다. 그러나 유독 교육의 고통에 대해서는 한국교회가 침묵하고 있고, 그 고통을 외면하고 있다. 그러나 하나님은 우리의 아이들이 교육의 고통에서부터 해방되기를 원하신다. 한국교회는 교육으로 인해 고통당하는 사람들에게 그 고통으로부터 벗어날 수 있도록 교육의 영역에서도 복음을 선포해야 한다.

다섯째, 신앙회복 운동이기 때문이다. 한국교회가 입시 문제에 대해 기독교적 가치관을 회복하는 것은 일종의 신앙회복 운동이다. 자녀들의 입시를 대하는 태도와 가치관 속에 이미 뿌리박혀 있는 욕망과 탐욕, 이기심과 경쟁심, 그리고 세속주의를 직시하면서 이를 신앙적 관점으로 변화시키는 것은 신앙을 새롭게 갱신하는 운동이기도 하다. 입시에 대한 기독교적인 접근은 단지 입시만을 치유하는 것이 아니라 내 삶에 깊숙이 침투해 있는 누룩과 같고 쓴 뿌리와 같은 세속의 가치관을 청산하는 과정이기도 하다. 그동안 자녀들에게 주었던 상처에 대해서 회개하는 것은 자신의 상처를 치유하며 신앙을 회복하는 계기가 될 것이다.

III. 한국교회와 입시 문제의 관계에 대한 신학적 성찰

한국교회와 입시 문제는 어떤 관계에 있는가? 한국교회가 입시 문제에 관심을 갖고 이를 해결해야 할 이유의 근거는 무엇인가? 이러한 질문에 대한 응답은 신학적 성찰을 요청한다. 무엇보다 한국교회가 입시 문제 해결을 위한 역할을 감당해야 할 당위성은 교회와 하나님 나라의 관계에 기초해 있다. 교회는 교육의 영역에서도 하나님의 나라가 이루어지는 데 관심을 가져야 하는데, 왜곡된 교육으로 인한 교육 고통의 한복판에 입시 문제가 위치해 있기 때문에 입시 문제 해결을 위한 노력은 하나님 나라의 회복이라는 과제의 중요한 부분을 차지한다고 볼 수 있다.

1. 교회와 하나님 나라

한국교회가 입시 문제에 관심을 가져야 하는 본질적인 이유는 교회와 하나님 나라의 관계에서 찾아볼 수 있다. 교회는 하나님 나라를 지향한다. 교회의 궁극적 관심은 교회의 성장이 아니라 하나님 나라이다. 교회의 존재 이유와 목적이 바로 하나님 나라의 건설과 성장이라고 할 수 있다. 예수께서 전하신 복음의 핵심도 하나님 나라였고, 겨자씨 비유(마13:31-32)는 이 하나님 나라의 성장을 의미하고 있다.[19] 예수께서 가르쳐 주신 주기도문에 나오는 "나라이 임하옵시며 뜻이 하늘에서 이룬 것 같이 땅에서도 이루어지이다"(마 6:10)라는 내용도 이 땅의 교회가 무엇을 위해 기도하고 노력해야 할 것인지를 선명하게 보여 주고 있다. 하나님 나라가 하나님의 통치를 의미하는 것이라면 교회는 하나님의 통치를 이 땅에 이룩하고 모든 영역에서 하나님의 다스리심이 이루어지도록 하는 것을 추구해야 한다.[20]

이런 의미에서 교회가 추구해야 할 본질적인 가치는 하나님 나라이며, 교회도 바로 하나님의 나라를 추구하는 '하나님의 교회'인 것이다. 이것이 바로 칼 바르트(Karl Barth)가 교회를 하나님 나라와의 관계에서 '잠정적 공동체'로 이해한 의미일 것이다. 스탠리 그렌츠(Stanley Grenz)가 그의 책 『하나님의 공동체를 위한 신학』(The Theology for the Community of God)에서 천명하듯이 "올바른 교회론은 교회를 하나님 나라라는 맥락 속에서 이해"하는 것인데 왜냐하면 "성경에서 하나님 나라의 개념은 교회라는 개념보

---

19) 김명용, 『열린신학 바른 교회론』(서울: 장로회신학대학교출판부, 1997), 111.
20) 위의 책, 112.

다 넓고, 교회가 하나님 나라에 의존하기 때문"이라는 것이다.[21] 김명용은 하나님 나라를 건설하기 위한 교회의 두 가지 과제로서 하나는 '교회의 영적인 활동과 책임'을 다른 하나는 '교회의 세상적인 과제'를 들고 있는데, 교회는 개인 구원과 영적 성숙에 관련된 전자의 과제만이 아니라 후자의 세상적인 과제도 하나님으로부터 부여된 과제로서 영적인 과제라고 말한다.[22] 이 후자의 교회의 세상적 과제가 하나님 나라 건설에 있어서 결정적인 의미를 지니고 있는데, 세상의 사회, 정치, 경제, 문화, 교육 등의 문제와 관련되어 있는 것이다.

최근에 주목을 받고 있는 공공신학(Public Theology)도 교회의 공적 책임을 강조한다. 계몽주의 이래로 교회의 사회적 영향력이 급속도로 약화되고 대부분의 공적 영역에서 종교가 배제되면서 종교의 사사화 현상이 발생하게 된다. 임성빈은 사사화 현상을 다음과 같이 설명한다. "서구의 경우를 본다면, 계몽주의 이래로 본격적으로 대두되기 시작한 세속화의 거센 물결은 정치, 경제, 문화 전반에 걸쳐서 교회를 주변화시키기 시작하였다. 그 이전에는 교회로 대표되는 종교가 정체·경제의 영역뿐만 아닌 의료·과학 등의 사회 전 분야에 걸쳐서 주도적인 역할을 하고 있었다. 그러나 계몽주의 이래로 강조되기 시작한 이성에 대한 강조는 계시를 우선하는 종교의 영역을 급속도록 축소시키는 결과를 초래하였다. … 이전에는 종교가 일종의 독립변수로써 문화 일반을 주도하였지만, 이제는 종속변수로써 종교를 논하는 시점에 이르렀다. 이러한 현상을 우리는 세속화라 부르며, 이에 동반되는 현상을 신앙의 사사화라 부른다."[23] 공공신학은 이런 사사화된 기독교의 모습에서 탈피하여 보다 공적 책임을 감당할 것을 주장한다. 공공신학은 사회적 지평을 강조하는 신학의

---

21) Stanley Grenz, *The Theology for the Community of God*, 신옥수 역, 『조직신학: 하나님의 공동체를 위한 신학』(서울: 크리스챤다이제스트사, 2003), 685.
22) 김명용, 『열린 신학 바른 교회론』, 114.
23) 임성빈, '한국교회와 사회적 책임', 세계밀알연합회 편, 『기독교의 사회적 책임』(서울: 기독교문서선교회, 2005), 176.

오래된 역사 속에 이미 나타나 있었지만, 마틴 마티(Martin Marty)의 저서 『공적 교회』(The Public Church)에서 새롭게 강조되기 시작하였는데, 그는 '공적 교회'란 "공동의 삶(common life)에 대하여 초월적 가치를 불어넣어야 한다는 책임감을 가진 일련의 종교"라고 정의한다.[24] 제임스 파울러(James Fowler)도 신학은 개인적인 차원만이 아니라 사회구조적인 차원까지 포함하는 교회의 실천을 돕는 것이라고 주장함으로써 교회의 공적 책임을 강조하였다.[25] 교회가 공적 책임을 감당한다고 할 때 교육 문제와 관련해서 갖게 되는 가장 중요한 과제 중의 하나가 입시 문제의 해결이다. 기독교가 사사화되는 것이 아니라 입시 문제를 비롯한 공교육의 문제를 해결하는 데에 있어서도 '공적 책임'이 있음을 인식하여야 할 것이다.

2. 하나님 나라와 교육

하나님 나라는 하나님의 주권이 인정되는 '하나님이 다스리시고 통치하시는 나라'이다. 이것은 세상을 지배하고 다스리려고 하는 악한 세력에 대항하는 것을 의미하며 사탄의 통치를 무너뜨리고 하나님의 통치를 회복하는 것을 의미한다. 십자가상에서 예수께서 "다 이루었다"고 선포하실 때 이미 선언된 하나님 나라의 도래를 이 땅에서 구체적으로 실현시켜 나가는 것이 하나님 나라의 확장이라고 할 수 있다. "사탄은 현재 세상을 지배하고 있는 강한 자(눅 11:21)이고 이 악한 세대(갈 1:4)를 만드는 영이다. 그는 질병과 죽음을 세상

---

24) 장신근, 『공적 실천신학과 세계화 시대의 기독교교육』(서울: 장로회신학대학교출판부, 2007), 52.

25) 위의 책, 55. James Fowler, *Weaving the New Creation: Stages of Faith and the Public Church* (San Francisco, 1991). 공공신학에 대한 논의는 향후 계속되어야 할 것이다. 공공신학은 그 용어부터 '공적신학'과 혼용되고 있을 뿐 아니라 신학적인 스펙트럼이 넓어서 어떤 입장을 견지하느냐에 따라 신학적 성향에 대한 논쟁이 발생할 수 있다. 비기독교적 세계 및 타종교와의 대화와 소통의 정도를 어디까지 용인하느냐에 따라서 매우 상이한 입장에 설 수도 있다. 여기에서는 공공신학이 기본적으로 강조하고 있는 '기독교의 사회적 책임'의 입장에서 일반적으로 공적 영역이라고 생각하는 입시 문제에 대한 기독교적 책임을 주장하는 데에 근거가 될 수 있는 신학의 한 흐름이기에 다루는 것이다.

에 가져오고 거짓과 불의와 분쟁과 살인의 역사를 세상 속에 만든다."[26] 사탄의 세력은 세상의 모든 영역에 그 영향력을 발휘하고 있다. 교육의 영역도 예외가 아니다. 오늘날의 교육영역도 '공중 권세 잡은 자'의 영향력 가운데 있음을 부인할 수 없다. 매년 200명에 이르는 청소년 자살의 가장 큰 이유가 학업인데, 이러한 죽음의 뿌리에는 죄가 있고 죄의 뿌리에는 욕망이 존재한다. "욕심이 잉태한 즉 죄를 낳고 죄가 장성한 즉 사망을 낳느니라"(약 1:15)는 말씀은 오늘날의 교육 현장을 가장 정확하게 진단하는 척도가 된다.

하나님이 원하시는 교육의 원래 모습은 선한 것으로서 '하나님의 형상'대로 지음 받은 인간이 하나님을 닮아가는 삶을 살고, 각자에게 독특한 선물로 주신 은사를 계발하고 그 은사로 하나님이 부르신 소명의 자리에서 이웃을 사랑하고 선행을 실천함으로 하나님의 나라를 건설하고 하나님께 영광을 돌리는 삶을 사는 것이다. 그런데 죄로 인한 타락은 '하나님의 교육'을 왜곡시키고, 교육의 영역을 욕망의 각축장으로 전락시켰으며, 생존경쟁과 만인의 투쟁의 자리로 변질시켰다. 획일적인 기준으로 인간 개개인에게 허락된 독특성과 존엄성을 심각히 훼손하였고, '서로 돌아보아 사랑과 선행을 격려하는'(히 10:24) 공동체가 아닌 욕심과 허영을 따라 남을 멸시하고 자신의 이익만을 추구하는 이기적인 영역이 되고 말았다. 이러한 타락한 교육, 악한 세력이 지배하는 교육을 '하나님이 다스리시는 교육'으로 회복함으로 교육의 영역에서 하나님 나라를 확장해 가는 것은 교회의 중요한 사명 중의 하나이다. 교회는 개인의 구원과 영적 성숙이라는 교회 내 교육에 관심을 가질 뿐 아니라 하나님 나라의 관점으로 세상 속의 왜곡되고 뒤틀린 교육을 다시금 하나님의 통치가 이루어지는 교육으로 회복해야 할 책임이 있는 것이다.

---

26) 김명용, 『열린신학 바른 교회론』, 113.

3. 교육 고통으로서 입시

한국 사회의 가장 심각한 문제 중의 하나가 교육의 문제이다. 한국의 교육은 수많은 사람들에게 고통을 안겨 주고 있다. 하나님 나라의 관점에서 교육문제에 접근한다는 것은 교육으로 인해 고통당하는 사람들을 치유하고 원래 하나님이 의도하시는 샬롬의 교육으로 회복하는 것을 의미한다.[27] 하나님 나라를 향한 교육은 이러한 '교육 고통'의 현실에 적극적으로 응답하여 고통받고 왜곡된 교육을 치유하고 회복하는 사명을 지닌다. 이러한 교육 고통의 한복판에 입시 문제가 존재한다. 교육 고통에 있어서 입시 문제는 마치 원죄와도 같다. 오늘날의 한국 교육은 입시가 지배하고 있다고 해도 과언이 아닌데, 모든 교육은 소위 '입시에 성공'하기 위해 편성되어 있고, 입시에서 좋은 성적을 얻기 위한 목적을 달성하기 위해 수단과 방법을 가리지 않고 있다. 오늘날 한국사회에 심각한 문제로 떠오르고 있는 사교육 팽창도 바로 이런 입시로 인한 증상에 불과한 것이다.

입시 문제는 입시의 경쟁적 성격에 연유한다. 소위 일류대학의 정원은 제한되어 있고, 그 정원 안에 포함되기 위해서는 '실력' 자체보다는 '석차'가 중요하며 그러한 석차를 얻기 위해서는 토마스 홉스(Thomas Hobbes)가 그의 책 『국가론』에서 말하는 '만인에 대한 만인의 투쟁'을 벌일 수밖에 없다.[28] 이러한 경쟁의 배경에는 인간의 욕망이 있고, 내 자식만은 출세해야 한다는 가족이기주의 욕구가 자리 잡고 있다.[29] 입시 문제에는 학생 개인의 욕망만이 아니라 부모의 욕망과 허영이 개입되어 있고, 무엇을 성공으로 인식하느냐 하

---

27) 박상진, 『기독교학교교육론』(서울: 예영커뮤니케이션, 2006), 80.
28) 송순재, 『대학입시와 교육제도의 스펙트럼』(서울: 학지사, 2007), 296.
29) 양낙흥도 "현대 한국의 대학 입시는 학생 개인이 진학하는 문제로 끝나는 것이 아니라 각 가정들이 인적 물적 자원을 총동원하는 가정 대 가정의 경쟁장으로 변하고 있다"고 언급하면서 입시 문제를 가족이기주의와 연결지어 이해하고 있다.(양낙흥, 『한국사회와 문화, 거듭나야 한다』(서울: 한국기독학생회출판부, 1996), 78)

는 가치관이 작용하고 있는데, '일류대학 입학'을 성공으로 인식하는 세속적 가치관, 그리고 이를 입신양명과 동일시하는 유교적 가치관이 내재되어 있다고 할 수 있다. 그러기에 입시 문제는 단순한 교육 문제, 사회 문제라기보다는 가치관 문제요 종교적 문제이며 영적 문제라고 할 수 있다. 입시 문제의 해결은 입시를 대하는 학생, 특히 이들의 부모의 의식, 그리고 어떤 학생을 선발할 것인가를 판단하는 대학이나 기업 관계자의 의식의 변화와 관련되어 있다. 결국 입시제도의 변화도 그러한 변화를 추구하는 의식의 변화와 분리할 수 없기 때문에 입시에 관한 의식의 변화는 입시 문제 해결에 있어서 매우 중요한 부분을 차지한다. 하나님 나라를 추구하는 교회는 교인들의 세속적 의식을 변화시키는 데에 관심을 갖는다. 한국교회 성도들의 대부분이 학부모인데, 이들이 교육, 특히 입시에 대한 태도와 가치관이 '기독교적'으로 변화되고 '하나님의 다스리심'을 인정하도록 변화된다면 입시 문제의 실마리가 풀리게 될 것이다. 입시를 기독교적으로 바라보고, 자녀교육에 있어서 하나님의 통치가 이루어지도록 할 때 교육의 영역에서 하나님 나라가 건설되기 시작할 것이다.

IV. 한국교회의 입시 문제 해결 가능성

한국교회가 교육의 영역에서 하나님 나라의 회복이라는 관점에서 입시 문제에 관심을 갖고, 입시 문제와 그로 인한 교육 고통의 문제를 해결하는 데 있어서 어떤 역할을 감당해야 한다는 당위성이 실제적으로 이를 해결할 수 있느냐 하는 가능성을 보장해 주는 것은 아니다. 과연 한국교회가 입시 문제를 해결할 수 있는 가능성이 있느냐 하는 것은 또 다른 논의를 요구하고 있다. 여기에서는 이를 기독교와 사회 변동의 관계, 그리고 기독교적 비전의 도덕적 변화 가능성에 초점을 맞추어 논의함으로써 이 요구에 응답하려고 한다.

1. 기독교와 사회 변동

한국교회가 과연 사회적 변혁을 이룰 수 있을 것인가? 한국교회가 과연 입시 문제를 해결하는 데에 공헌할 수 있을 것인가? 이것이 가능하다면 어떤 방식을 통해서인가? 이러한 질문은 한국교회가 하나님 나라를 지향해야 하고 사회적 책무성을 지닌다는 당위성만이 아니라 실제적으로 그런 변화를 일으킬 수 있는 가능성에 관한 것이다. 기독교가 사회 변동을 가능케 하는 가장 중요한 요인으로 무엇보다 기독교가 지니는 신념과 상징 체계를 들 수 있다. 박영신은 『현대 한국 사회와 기독교: 변화하는 한국 사회에서의 교회 역할』에서 조선 말기와 일제시대에 기독교가 사회변동을 가져올 수 있었던 것은 기독교의 신념과 상징 체계였다고 주장한다.[30] 기독교의 초월적 가치 체계는 유교적 가치관에 붙박혀 있던 조선 사회의 기존 질서에 대한 도전하는 힘의 원동력이었고, 일제시대 일본의 압제에 항거하는 민족 자각운동의 원천이었다고 보았다. 기독교의 초월적 가치와 이상이 기존하는 삶의 유형과 긴장을 자아내고 결국 변형을 가져오게 되었다는 것이다. "개신교 기독교가 담고 있는 신념과 상징은 사회 변혁의 가능성이다. 기존하는 특정 사회 형태와 용해적으로 밀착되어 버리는 자기 고착에 안주하지 않고 세속 세계로부터 도피하는 자기 은둔에 몰입하지 않는다면, 기독교는 사회적 긴장을 일으켜 드디어 사회를 바꾸려는 변형 지향성을 가질 수밖에 없을 것이다."[31] 당시의 기독교인은 그들이 믿는 가치 체계에 충실함으로써 당시의 왜곡된 가치 체계와 이에 기초한 제도를 변형시킬 수 있었다.

당시에 기독교인이 된다는 것은 '새로운 각오로 산다'는 것을 의미하였다. 박영신은 기독교인이 된다는 것의 의미를 다음과 같이 설명하고 있다. "(교인

---

30) 박영신, 정재영, 『현대 한국사회와 기독교: 변화하는 한국사회에서의 교회의 역할』(서울: 한들출판사, 2006), 67.
31) 위의 책.

이 된다는 것은) 유교적인 인습에 동조하는 것이 아니라 질시가 매섭고 비난이 혹독하더라도 필요하다면 기존의 가치를 부정하고 극복하며, 새로운 삶의 가치와 표준을 받아들인다는 뜻이었으며, 조선 사회의 신분 제도를 포함하는 인륜적 의무 관계를 질문하고 이에 도전하는 행동 지향성을 생활화하는 것이었다. … 결국 초월적 존재에 대한 일차적 헌신은 비초월적 제도를 상대화할 수 있는 것이기에 어떠한 사회 질서, 신분제도, 가치, 규범이라도 더 이상 '거룩한' 대상으로 남아 있을 수 없었으며, 따라서 비판과 부정의 과녁 대상에서 벗어날 수 없었다."[32] 초기 한국교회의 경우, 교회의 회원이 된다는 것은 "묵은 관습, 신분 질서, 축첩 관계, 그 밖의 여러 사회적 인습을 거부할 것을 교회 회원 앞에서 공식적으로 서약하고, 위반했을 때에는 회원 자격을 잃고 마는 새로운 행동 규범을 준수하는 집단의 한 구성원이 된다는 것을 의미하였다."[33] 결국 교인이 되고 교회를 다닌다는 의미가 명목상의 교인(nominal Christian)이나 주일신자(Sunday Christian)가 된다는 것이 아니라 기독교적 가치 체계를 수용함으로 초월에 근거한 가치로서 현실을 비판하고 개혁할 수 있는 존재가 된다는 것이었다.

박영신은 오늘날의 한국교회는 한말 기독교나 일제시대의 기독교가 지녔던 '사회변혁적 성격'이 심하게 약화되고 있음을 지적하고 있다. 기독교인 수의 증가와 함께 이들이 사회 중상층 계층으로 진출하면서 기존의 가치 체계와 타협함으로써 기독교인이 당연히 지녀야 하는 초월적 가치 체계가 약화되고 그만큼 변혁적 에너지가 상실되었다고 보았다.

> 한말의 개신교가 감당한 변혁적 역할이나 식민 통치 하의 기독교인이 지킨 지사적 위치와는 사회적 존재 양식이 사뭇 다른 그러한 '보통사람'으로서, 기독교인은 비기독교인과 본질적으로 구별되지 않는 평범한 삶을 살아가는

---

32) 위의 책, 72-73.
33) 위의 책, 73.

것이다. 그러기에 기독교 교회가 다른 사회 집단과 다를 바 없이 세속적이고 물량적이며 또 주술적이고, 기독교 기관이나 조직체가 다른 조직체나 기관과 다를 바 없이 권위적이고 비개방적이며 경직되어 있지는 않은가? 기독교 학교는 비기독교 학교와 다를 바 없을 만큼 형식이 아닌 내용과 본질에서 그 기독교적 성격을 잃어가고 있지는 않은가라고 되묻게 되는 것이다. 많은 기독교인들이 직접, 간접으로 기독교 덕분에 사회적 사다리를 재빠르게 올라 출세했지만 그들이 자리 잡은 삶의 세계와 활동의 무대는 여전히 권위적이고 위계적인 채로 남아 있다. 한국교회가 권위주의적인 '유교화된' 교회라고 부를 수 있듯이, 한국의 기독교 단체나 기관 모두가 이러한 권위주의적이며 위계적인 특수주의적 조직체라고 볼 수 있을 것이다.[34]

한국교회가 교인들의 기독교적 가치 체계를 분명히 함으로써 기독교적 교육변혁을 추구할 수 있다. 특히 입시에 대한 세속적 가치관이 교회 안에도 팽배하여 기독교인 학부모이지만 '기독학부모'라고는 볼 수 없을 정도로 '기독교'와 '학부모'가 이원화되어 실은 비기독교적 가치관으로 자녀교육과 입시를 대하고 있는 현실을 변화시킬 수 있다.

2. 기독교와 도덕성 변혁

기독교 신앙이 입시 문제를 해결하는 데에 공헌할 수 있을까? 기독교 신앙이 입시에 대한 새로운 의식의 변화를 가져올 수 있을까? 크레이그 다익스트라(Craig Dykstra)는 이런 질문들에 대답할 수 있는 매우 귀중한 통찰을 주고 있다. 다익스트라는 그의 책 『비전과 인격』(*Vision and Character: A Christian Educator's Alternative to Kohlberg*)에서 콜버그의 도덕발달론

---

34) 위의 책, 76.

을 비판하면서 비전의 윤리를 주장하고 있다. 콜버그는 인간 이성적 판단력을 도덕의 기초로 보았고, 따라서 판단력의 발달과정을 그대로 도덕 발달의 과정으로 이해하고 있다. 무엇이 선인지를 상황 속에서 판단할 수 있는 지적 능력이 도덕성에 있어서 매우 중요하다는 것이다. 이에 대해서 다익스트라는 비전이 도덕적 변화를 가져올 수 있다고 주장한다.[35] 그에 의하면 계시를 통해 얻게 되는 비전이 자신을 형성하게 된다는 것이다. 나에 대한 새로운 정체성이 새로운 도덕적 차원으로 자신을 성숙시킬 수 있는 기초가 될 수 있는 셈이다.

이러한 다익스트라의 설명은 기독교 신앙과 입시 문제 해결의 관계를 이해하는 데에 중요한 단초를 준다. 기독교 신앙과 기독교적 가치관이 자녀교육과 입시 문제에 대한 새로운 비전을 제시해 주고 그 비전의 실천은 어떤 다른 방식으로 해결하려고 시도해도 제대로 성공하지 못했던 부모들의 의식의 변화를 가능케 할 수 있다. 이러한 의식의 변화는 입시 문제의 실마리를 풀 수 있다. 기존의 입시제도는 기존의 학부모들이 갖고 있는 의식과 맞물려 있는데, 의식의 변화는 제도적 변화의 기초가 될 수 있다. 의식의 변화 없는 제도적 변화는 형식만 바꾸는 것에 불과하다. 오늘날 한국의 입시 문제의 근본적인 해결은 교육 구성원들의 의식의 변화에 기인하는데, 입시에 대한 모든 이슈들에 대해 설명하고 설득하는 방식은 거의 불가능하다. 왜냐하면 거기에는 자신의 이기심이 개입될 수밖에 없기 때문이다. 이 점에서 초월적 상징 체계에 근거한 비전 형성은 현실을 변혁시킬 수 있는 대안을 볼 수 있게 하고 이를 실천할 수 있는 능력을 제공한다.

오늘날 한국의 기독교인 부모들에게는 입시에 대한 새로운 그림이 필요하다. 그 그림은 계시로 말미암은 것인데, 하나님이 입시를 바라보는 관점이다. 이 관점은 이미 복음 안에 계시되어 있는데, 왜곡되고 뒤틀린 모든 존재가 예수 그리스도의 구속의 십자가를 통해 새롭게 회복되는 비전이다. 자녀교육의

---

35) Craig R. Dykstra, *Vision and Character: A Christian Educator's Alternative to Kohlberg*, (N.Y: Paulist, 1981), 50.

영역에서도 이 비전이 회복된다면 입시에 대한 온갖 그릇된 접근들이 치유되고 회복될 수 있게 된다. 우선 기독교인 부모들로 하여금 진정한 기독교 신앙이 무엇인지를 깨닫게 하고, 자신의 신앙고백에서만이 아니라 자녀교육에서도 예수 그리스도를 주로 고백하고 새로운 비전을 갖도록 하면 마치 비전으로 말미암아 도덕적 변화가 일어나는 것처럼 입시에 대해서도 전혀 새로운 전망을 갖게 되고 변화가 일어나게 될 것이다.

3. 입시에 내재된 가치 체계

입시에 대한 태도와 인식은 가치 중립적이지 않다. 입시를 대하는 모든 사람은 어떤 관점이나 성향을 지니고 있고, 그들의 태도는 그 관점이나 성향을 반영한다. 진정한 의미에서 기독교인이라면 입시에 대해서도 기독교적인 관점과 성향으로 바라보고 행동하는 사람임을 의미한다. 만약 교회를 다니고 기독교 신앙생활을 하는 교인이면서 입시에 대해서 비기독교인의 관점과 성향으로 바라보고 행동한다면 입시에 대해서는 세속적이라고 말할 수밖에 없다. 오늘날 한국교회의 교인들의 자녀교육에 대한 인식이 비기독교인들의 그것과 크게 다르지 않다는 연구 결과[36]는 기독교적 가치 체계가 적어도 입시와 관련하여서는 그 영향력을 상실하고 있음을 보여 준다. 그렇다면 어떤 가치관이 대부분의 사람들-그들이 기독교인이든지 비기독교인든지-에게 영향을 주고 있는가? 이를 파악하고 그 가치관이 기독교적 가치관과 어떤 점에서 다른지를 이해하는 것은 중요하다. 기독교적 가치 체계는 그러한 가치관을 거부, 비판, 수정함으로써 입시에 대한 바른 관점을 확립하도록 하고, 이는 입시에 대한 변혁의 가능성을 보여 줄 수 있기 때문이다.

입시와 관련하여 학부모에게 끼치는 영향력의 유형들을 그림으로 나타내면 〈그림 1〉과 같다. 이 영향력들은 보다 사회적인 것에서부터 보다 심리적인

---

36) 김창환, '한국교회에서의 입시 이해', 박상진 외, 『입시에 대한 기독교적 이해』, 97-159.

것에 이르는 연속선상에 다양하게 위치해 있다. 각 영향의 특성을 설명하면 다음과 같다.

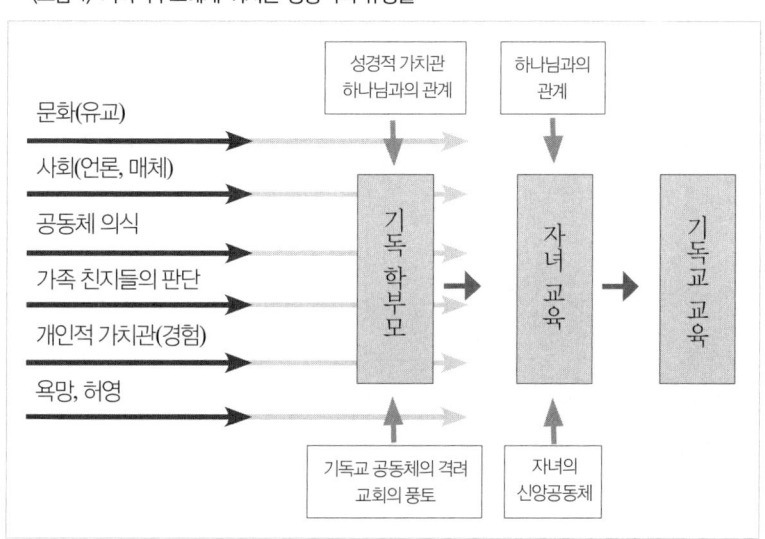

〈그림 1〉 기독학부모에게 끼치는 영향력의 유형들[37]

첫째, 문화적 영향을 들 수 있는데, 한국인의 의식구조를 지배하는 유교적, 무교적 영향으로서 출세주의, 가족주의, 체면주의, 획일주의, 경쟁주의를 들 수 있다. 한국의 입시는 무교와 유교의 강한 영향을 받은 '현세적 물질주의'에 의해, 마치 과거급제를 통해 입신양명을 이루듯이 출세하는 수단으로 인식되고 있다.[38] 대학입시를 통해 사실상 효과적으로 경제적 이익을 추구하는 것 이상으로 '일류대학에의 입학'이 그 자체로 '가문의 영광'이 되는 문화적 성격을 지니고 있다. 이는 유교적 가족주의에 의해 상당히 강화되고 있는

---

37) 기독학부모에게 미치는 세속적 영향력이 강하다고 할지라도 기독학부모가 갖는 하나님과의 관계, 성경적 가치관이 강하고, 교회의 풍토가 기독교적 가치관을 표방하고 신앙공동체의 내면적 격려가 강하게 작용한다면 세속적 영향력을 극복하고 기독학부모의 정체성을 구현할 수 있을 것이다. 이는 자녀들에게도 동일하게 적용될 수 있다.

38) 정수복, 『한국인의 문화적 문법: 당연한 세계 낯설게 보기』 (서울: 생각의 나무, 2007), 110.

데, 입시는 단지 그 자녀의 '개인적인' 입학시험이라는 성격을 넘어서 가족의 과제로 인식되어, 오히려 '부모'가 입시를 치르듯 관심을 갖게 되고, 가문의 대사(大事)로 여기는 것이다. 소위 가족 이기주의라는 집단 이기주의의 형태를 띠면서, 입시는 단지 학생 개인들의 경쟁이 아닌 가족 간의 경쟁, 그리고 부모 간의 경쟁의 모습을 보이게 된다. 여기에서 한국의 어머니는 자녀를 일류대학에 입학시킴으로써 그 가문의 체통을 손상시키지 않게 하는 역할을 떠맡고 있는 것이다. 이러한 입시 가족주의는 체면주의에 의해 더욱 강화된다. 남들의 시선과 판단을 강하게 의식하는 유교적 체면 문화는 자녀 개인의 관심과 흥미, 실력보다는 '남들이 어떻게 볼까' 하는 외부적 기준을 중요시하게 한다. 자녀가 입학하는 대학의 수준을 '체면'과 연계지어 이해함으로 대학입시에서의 실패를 '창피'하고 '부끄러운' 것으로 여긴다. 타인의 판단에 근거하여 자녀교육을 접근할 때 당연히 '획일주의'에 빠지게 된다. 자녀의 재능과 소질, 특기와 관계없이 이미 정해져 있는 '좋은 대학', '좋은 과'라고 하는 기준에 의해서 판단받게 된다. 이런 획일적인 기준은 소위 입시지옥이라는 끊임없는 경쟁, 만인에 의한 만인의 투쟁의 장으로 몰아가게 되는 것이다.

둘째는 입시에 대한 사회적 영향으로서 특히 언론매체와 출판을 통한 영향을 들 수 있다. 언론에서 보도되는 수많은 입시 관련 보도는 학부모들과 학생들에게 소위 '성공신화'를 제공해 주고 있다. 국내 및 국외의 명문학교에 입학한 성공 사례들을 마치 '교육성공'인 것처럼 자세하게 보도하고, 그러한 '성공'에 대한 가치관을 확산, 보급하는 경향이 있다. 언론매체 중 일부는 입시경쟁이 지니는 문제점을 때로 지적하면서도 경시대회 개최, 입시논술 문제집 판매 등 오히려 입시 경쟁의 가치관을 주입, 확산함으로써 수익을 올리는 이중성을 지니고 있기도 하다. 출판시장에서의 '성공신화'를 통한 판매 경쟁은 더 치열한데, 수백 가지 입시 관련 서적들이 '세속적인 성공에 대한 가치관'을 전파하고 있다. 학부모들과 학생들이 접하는 방송과 신문, 도서들이 끊임없이 이러한 가치관을 뿜어내고 있고 이를 외면하기가 어렵기 때문에, 한국의 학부모들과 학생들은 이 사회의 '세속적 가치관'에 의해 사회화(socialization)되는 것은 너무나 당연하다. 기독교인 학부모들과 학생들도 이같은 사회화를 통한 세속화(secularization)의 위험에 노출되어 있는 것이다.

셋째는 부모가 속해 있는 집단의 영향으로서 집단의 가치관과 의식구조로 말미암는 영향을 의미한다. 한국의 부모들은 동창회, 계모임 등 다양한 집단의 구성원으로 참여하고 있는데, 이 집단 안에서 구성원들 간에 상호작용하면서 그 집단이 지니는 공통정신에 의해서 영향을 받는다. 이 집단들을 지배하는 가치관은 앞에서 언급한 '성공신화'적 가치관과 거의 다르지 않다. 한국의 교육은 '옆집 아줌마'에 의해서 결정된다는 말은 바로 이런 관계성으로부터의 영향력 때문이라고 할 수 있다. 한국인의 '우리' 의식은 '마이 웨이'(my way)라는 나만의 결정을 어렵게 하고 있다. 기독교인들도 이러한 집단에 속하여 서로 간에 상호작용함으로써 그 집단의 가치관을 내면화하게 되는 경향이 있다. 기독교인들의 집단이나 모임도 예외가 아니다. 교회 안에도 구역모임, 여전도회 모임, 친교모임 등이 다양하게 존재하는데, 이들 교회 모임 안에서도 자녀교육에 대한 세속적인 가치관이 팽배한 경우를 볼 수 있다. 교회모임 자체가 기독교적 가치관을 보장해 주지 않는다. 구역모임에서 나누는 자녀교육에 관한 대화가 세속적일 수 있고, 구역원이 그 세속적인 가치관에 영향을 받을 수 있다. 즉, 교인들이 자녀교육에 관한 기독교인인 가치관이 정립되어 있지 않으면, 서로가 기독교인 모임 안에서 세속적인 영향을 줄 수 있고, 심지어는 이를 강화시킬 수 있다.

넷째는 가족(친척 포함)의 영향이다. 한국에서 가족은 가장 작은 사회 단위이면서 가장 강한 영향을 받는 관계구조라고 할 수 있다. 설이나 추석명절이 되면 온 가족이 모이면서 교제와 친교의 시간을 갖게 된다. 가족 구성원 상호간을 향해 안부를 묻고 관심을 표하며, 자녀교육에 관한 대화도 나누게 된다. 이런 가족 모임에서 가장 강하게 작용하는 것이 '비교의식'일 것이다. 형제간에, 그리고 동서 간에 '보이게' 또는 '보이지 않게', '의식적으로' 또는 '무의식적으로' 비교하게 됨으로써 받게 되는 영향력이다. 한국의 조기유학의 유형을 크게 도전형, 도피형, 과시형의 세 가지로 분류할 수 있는데,[39] 이 중 도피형과 과시형 조기유학을 떠나게 되는 가장 중요한 요인 중의 하나가 가족 간의 비교의식이라고 할 수 있다. 예컨대 동서 자녀가 특목고에 들어갔는데 내 자녀는 특목고에 들어가기가 어렵다고 판단될 때 아예 조기유학을 떠나기로 결정하는 경우로 이것이 도피형 조기유학의 한 모습이다. 그리고 가족들에게 자기 자녀의 성공적인 모습을 보이고 싶어 하는 과시 욕구가 과시형 조기유학을 결정하게 하기도 한다. 가족, 친척 간의 비교의식으로부터 자유로워지지 못할 때 입시와 자녀교육에 대한 세속적인 가치관을 극복하기가 어렵다.

다섯째는 개인적인 가치관과 경험의 영향이다. 부모 자신이 지니고 있는 왜곡된 가치관으로부터 스스로 영향을 받는다. 이는 부모가 교육받은 과정을 통해서 형성되어 온 것이기도 한데, 이미 권위주의적, 획일주의적, 지식주의적 교육을 받은 경험으로부터 도출되어 나오는 것이다. 전통적인 교육이 암울한 교육이었기 때문에, 그 왜곡된 교육이 대물림을 하게 되는 셈이다. 사랑받은 사람이 사랑할 수 있는 것처럼, 교육의 즐거움과 자유함, 창의성이 존중받는 풍토 속에서 내면의 가능성을 꽃피우는 경험이 거의 없는 상태에서 입시위주의 교육이 아닌 본연의 교육의 모습을 기대하기가 어렵다. 비단 학창시절의 경험만이 아니라 그 후의 인생 경험에서부터 형성된 가치관, 교육에 대한 이해, 입시에 대한 신념이 영향을 미치는 것이다.

마지막은 욕심과 허영의 영향이다. 입시 경쟁을 유발하는 최초의 심리적 동인은 욕망이다. 내 자녀만큼은 '더 높이, 더 멀리, 더 빨리' 나아가야 한다는 이기심과 욕심은 자녀를 끝없는 입시 경쟁으로 몰아넣는 원인이다. 더욱이 부모 스스로 자녀를 향해 갖고 있는 기대가 자녀의 현실(reality)과는 관계없이 자신이 품고 있는 허영인 경우가 많은데, 이것이 '내 자녀는 이래야 한다'는

---

39) 오욱환, 『조기유학, 유토피아를 향한 출국: 조기유학의 복합적 기능과 역기능』(서울: 교육과학사, 2008).

비현실적인 기대와 이로 인한 자녀에 대한 억압으로 나타나게 된다. 심지어 부모가 자신이 교육받지 못한 한을 자녀에게 '한풀이'로 요구할 때 자녀들은 심각한 스트레스를 받으며 입시지옥으로 내몰리게 된다. 부모의 욕심과 허영을 제어하고 자녀의 능력과 관심에 초점을 맞출 수만 있다면 입시 경쟁의 거품을 상당히 해소할 수 있을 것이다. 이 점에서 기독교인도 예외가 될 수 없다. 기독교인 학부모도 욕심에 미혹되어 자녀를 향한 하나님의 기대와는 관계없이 자신의 욕망을 이루는 수단으로 인식할 수 있고, 이로 인해 자녀들에게 감당할 수 없는 부담을 줄 수 있다. '욕심이 잉태한즉 죄를 낳고 죄가 장성한즉 사망을 낳느니라'(약 1:15)는 성경 말씀은 바로 욕심이 어떻게 죽음의 교육을 가져오게 되는지를 경고하고 있다.

입시가 이렇듯 문화적 요소와 사회의 가치관, 그리고 개인의 욕심에 의해서 영향을 받기 때문에 이러한 가치나 태도에 대한 기독교의 영향력이 입시 문제를 해결할 수 있는 가능성이 있음을 인정할 수 있다. 한국인들의 정신을 아직도 지배하고 있는 유교적, 무교적 영향력을 기독교적 가치관으로 변화시키고, 기독교적 초월적 가치를 확인하고 이를 추구하도록 도움으로써 부모 자신의 욕심이나 허영을 극복할 수 있도록 한다면 입시 문제를 해결할 수 있는 실마리를 풀 수 있을 것이다. 특히 한국교회가 진정한 신앙공동체로서 왜곡된 교육 현실에 대한 대안적 가치 체계를 형성하고 이러한 가치관을 터로 해서 올바른 자녀교육에 대한 관점을 확립하고 이를 격려한다면 입시에 대한 새로운 인식과 이에 근거한 실천을 이끌어 낼 수 있을 것이다. 입시 문제를 해결하기 위해서는 제도적인 개혁도 필수적이지만 의식의 변화가 모든 제도적인 개혁의 기반이기에 한국교회 교인들의 기독교적 가치관에 입각한 의식개혁은 입시 문제 해결을 위해 중요한 공헌을 할 수 있을 것이다.

V. 입시에 대한 한국교회의 인식: 목회자 대상 설문조사

한국교회가 입시 문제에 대해서 어떻게 인식하고 있는지, 그 문제 해결을 위해 어떤 역할을 할 수 있는지를 파악하기 위해 목회자 대상 설문조사를 실시하였다. 입시 문제에 대한 목회자의 인식이 교회 전반에 가장 중요한 영향을 끼치기에 목회자에 초점을 맞추어 설문조사를 하였고, 교인들의 인식에 대해서는 선행 연구를 참고하였다.

1. 조사 연구의 내용

설문조사의 내용은 크게 입시에 대한 문제 의식, 입시에 대한 가치관, 교회와 입시의 관계, 교회의 입시 문화, 입시에 대한 교회의 역할 기대 등으로 분류하였는데 구체적인 항목의 내용은 아래의 표와 같다.

〈표 5〉 설문조사내용

영역	문항내용
입시에 대한 문제 의식	1) 입시 고통에 대한 인식 2) 자녀의 사교육 경험 3) 자녀의 월평균 사교육비 4) 자녀의 조기유학 경험 5) 자녀교육 문제의 심각성 정도 6) 교인들의 입시로 인한 고통 인식
입시에 대한 가치관	1) 입시와 신앙의 관계 2) 사교육에 대한 견해 3) 자녀 사교육의 이유 4) 자녀교육 성공의 기준 5) 기독교적 관점 확립을 위한 노력

교회와 입시의 관계	1) 입시와 교회학교 침체의 관계 2) 주일 자녀의 학원가기 여부 3) 주일 학원 안 보내기 운동에 대한 견해 4) 기독교학교의 입시지도에 대한 인식 5) 가정에서의 신앙교육 정도
교회의 입시 문화	1) 입시와 관련된 교회 활동 2) 수능기도회에 대한 견해 3) 교회 모임의 입시에 대한 가치관 4) 기복적인 입시관에 대한 견해
입시에 대한 교회의 역할	1) 입사기 운동 인지 유무 2) 입사기 운동에 대한 공감 정도 3) 교회에서의 입시 준비 4) 교회의 입시 문제 해결의 영향력 5) 입시 문제 해결의 주체 6) 기독학부모교실의 필요성 7) 목회자교육 세미나의 필요성 8) 설교를 통한 자녀교육관 확립 9) 기독교적 제도개선 방안 10) 입사기 운동에 대한 제안

2. 조사대상 및 표집 방법

본 설문조사의 대상은 한목협(한국목회자협의회) 소속 15개 교단의 전국 목회자들로서 무선표집(random sampling) 방법을 사용하여 선정하였으며, 2008년 10월 1일부터 25일까지 설문조사를 실시하였다. 그 결과 445명의 목회자가 설문에 응답하였다. 설문 결과는 사회과학통계분석방법인 SPSS를 통해 분석하였고, 신뢰도는 95%이며 오차범위는 ±3%이다.

3. 조사의 결과

1) 배경변인별 분포
먼저 설문조사 응답자의 배경변인별 분포를 살펴보면 다음과 같다.

〈표 6〉 응답자의 배경 변인별 분포

(N=446)

변인	설명	빈도수	백분율(유효%)
성별	남자	361	80.9
	여자	85	19.1
	합계	446	100.0
연령	20대	6	1.3
	30대	145	32.5
	40대	230	51.6
	50대	57	12.8
	60대	8	1.8
	합계	446	100.0
거주 지역	서울시	180	40.4
	수도권 신도시	15	3.4
	광역시	184	41.3
	중소도시	48	10.8
	읍면지역	19	4.3
	합계	446	100.0
직책	담임목사	59	13.2
	전임교역자	337	75.6
	기타	50	11.2
	합계	446	100.0
주일 성인 출석수	3000명 이상	256	57.4
	1000-3000명	87	19.5
	500-1000명	25	5.6
	100-500명	50	11.2
	100명 미만	28	6.3
	합계	446	100.0
자녀의 학교성적	최상위권	56	12.6
	상위권	243	54.5
	중위권	146	32.7
	하위권	1	0.2
	합계	446	100.0
계		446	

2) 입시에 대한 문제 의식

한국교회의 목회자들이 입시에 대하여 어떤 문제 의식을 갖고 있을까? 입시에 대한 목회자의 인식은 설교, 심방, 상담, 교육 등을 통해 드러날 수밖에 없고, 그것은 교인들에게 영향을 끼치기 때문에 매우 중요하다. 목회자들이 지닌 입시에 대한 문제 의식은 현재 한국교회가 입시에 대하여 어떤 접근을 하고 있는지를 진단하기 위해서도 필요할 뿐 아니라 향후 입시 문제 개선을 위해서 한국교회가 어떤 역할을 감당하기 위해서는 목회자의 인식이 선행되어야 하기 때문에 반드시 분석이 요청된다.

먼저 목회자들이 한국의 입시로 인한 고통에 대해서 어느 정도 심각성을 인식하고 있는지에 대한 질문에서는 56.2%가 '매우 심각하다'고 응답했고, 40.7%가 '심각하다'고 응답함으로써 전체의 96.9%가 입시 문제의 심각성을 인식하고 있는 것으로 나타났다. 입시에 대한 기독교적 접근 여부 이전에 일단 한국의 입시 문제에 대해서 심각하게 인식하고 있다는 점에서 향후 입시 문제 해결을 위해 목회자들이 관심을 갖고 참여할 수 있는 여지가 있음을 알 수 있다.

1. 오늘날 한국의 입시로 인한 고통이 심각하다고 생각하십니까?

		빈도	퍼센트
유효	매우 심각하다	251	56.3
	심각하다	181	40.6
	보통이다	12	2.7
	심각하지 않다	2	.4
	합계	446	100.0

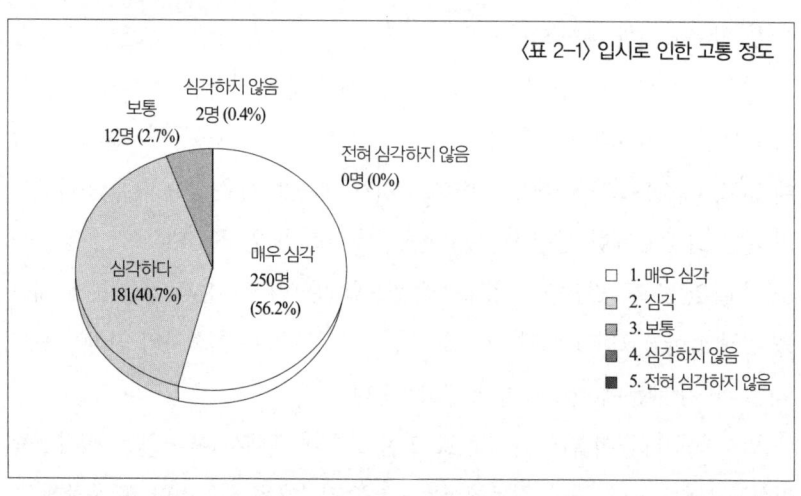

⟨표 2-1⟩ 입시로 인한 고통 정도

목회자의 입시에 대한 인식은 목회자 자신의 자녀교육 경험과 분리할 수 없기 때문에 목회자 가정의 자녀교육에 관하여 질문하였다. 목회자 자녀가 정규교육 외에 사교육을 받는 비율은 78%로 나타났다.

2. 자녀가 정규교육 외의 사교육을 받은 경험이 있습니까? (또는 받고 있습니까?)

		빈도	퍼센트
유효	예	348	78.0
	아니오	98	22.0
	합계	446	100.0

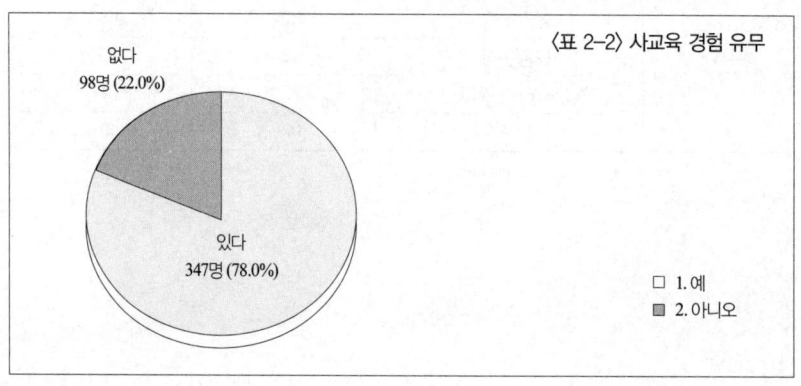

⟨표 2-2⟩ 사교육 경험 유무

목회자 가정의 자녀 사교육비는 월 평균 10만 원 이상-30만 원 미만이 42.5%로서 가장 높았고, 30만 원 이상-50만 원 미만도 31.2%나 되었다. 50만 원 이상-100만 원 미만도 14.8%로 나타났고, 100만 원 이상-200만 원 미만도 2.2%인 것으로 조사되었다. 이런 조사 결과는 목회자의 가정도 입시, 사교육 문제에 연루될 수밖에 없으며, 교인들에 대한 목회적 접근 이전에 자신의 자녀들에 대한 사교육 문제에 대한 기독교적 접근이 필요함을 보여 주고 있다.

3. 사교육을 받는다면 자녀(들)에 대한 월 평균 사교육비 총액은?

		빈도	퍼센트
유효	10만 원 미만	41	9.2
	10~30만 원	190	42.6
	30~50만 원	139	31.2
	50~100만 원	66	14.8
	100~200만 원	10	2.2
	합계	446	100.0

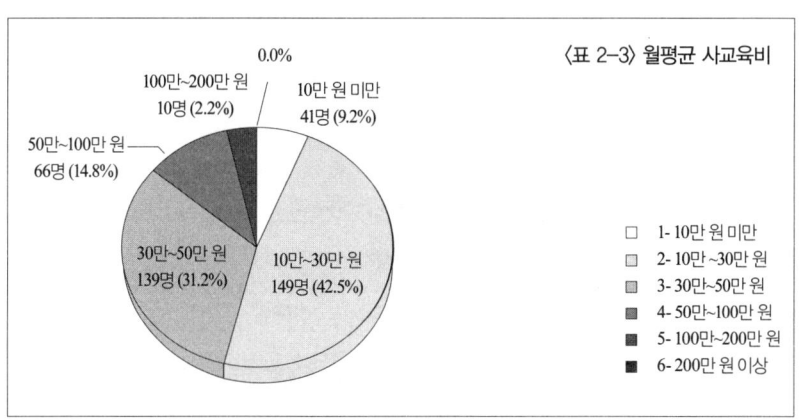

〈표 2-3〉 월평균 사교육비

목회자 가정의 자녀가 조기유학을 하고 있거나 경험한 경우는 10.6%로 나타났는데, 목회자 10명 중의 한 명은 자녀가 조기유학을 하는 경우임을 알 수 있다. 이는 목회자의 가정도 조기유학에 있어서 예외가 아님을 알 수 있다.

4. 자녀가 조기유학을 하고 있거나 한 경험이 있습니까?

유효		빈도	퍼센트
	있다	47	10.5
	없다	399	89.5
	합계	446	100.0

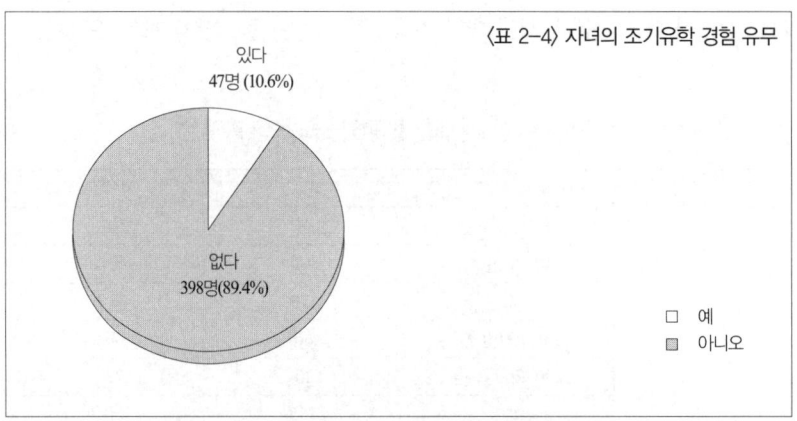

〈표 2-4〉 자녀의 조기유학 경험 유무

목회자가 자녀교육에 대해서 느끼는 심각성에 대해서도 37.8%가 '매우 심각하다'고 응답하였고, 49.2%가 '심각하다'고 응답함으로써 87%가 심각성을 깊이 인식하고 있음을 알 수 있다.

5. 자녀교육 문제의 심각성이 어느 정도라고 생각합니까?

유효		빈도	퍼센트
	매우 심각하다	169	37.9
	심각하다	219	49.1
	보통이다	50	11.2
	심각하지 않다	8	1.8
	합계	446	100.0

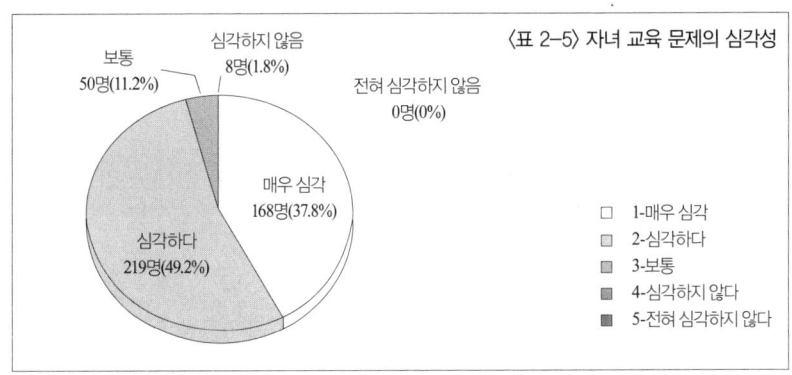

〈표 2-5〉 자녀 교육 문제의 심각성

한국교회의 목회자는 자신의 가정의 자녀들에 대해서만이 아니라 그들이 목회하는 교회의 교인들이 자녀의 입시 문제로 인해 고통당하고 있음을 깊이 인식하고 있음이 드러나는데, 이들이 고통당하고 있다고 생각하는 경우가 96.2%(매우 그렇다: 42.5%, 그렇다: 53.7%)나 되었다.

6. 귀하의 교회 교인들이 자녀의 입시 문제로 인해 고통당한다고 생각합니까?

		빈도	퍼센트
유효	매우 그렇다	189	42.4
	그렇다	240	53.8
	보통이다	15	3.4
	그렇지 않다	2	.4
	합계	446	100.0

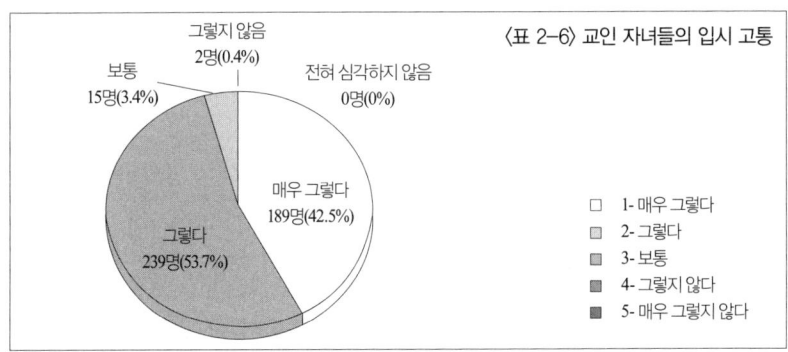

〈표 2-6〉 교인 자녀들의 입시 고통

이러한 결과는 한국교회의 목회자가 자신의 가정의 자녀 문제에 대해서 고민하고 있으며, 그 심각성을 인식하고 있고, 많은 목회자들이 조기유학이나 사교육 문제에 있어서 벗어나 있지 않음을 보여 준다. 그리고 자신이 목회하는 교인들이 자녀교육, 특히 입시 문제로 인해서 고통당하고 있음을 알고 있고, 그 정도가 심각함을 인식하고 있음을 알 수 있다.

　응답자가 목회하는 교회 교인들이 자녀의 입시 문제로 인해 고통당한다고 생각하는 정도가 지역별로 통계적으로 유의미하게 차이가 있는 것으로 드러났는데, 고통에 대한 인식 정도를 5단계 척도로 계산하여 평균값을 산출하면 아래의 도표와 같다.

	평균	표준편차	N
1. 서울시	4.56	.531	180
2. 광역시	4.30	.528	184
3. 수도권 신도시	4.20	.676	15
4. 중소도시	4.17	.663	48
5. 읍면지역	4.16	.688	19
합계	4.38	.575	446

	제곱합	자유도	평균제곱	F	유의확률
집단-간	10.208	4	2.552	8.215	.000
집단-내	136.994	441	.311		
합계	147.202	445			

* 집단의 평균차이에 대한 F값이 8.215, 유의확률은 .000 으로 유의수준 .05에서 목회지역에 따라 교인들이 입시고통을 당하고 있다는 인식은 유의한 차이가 있다.

　즉, 교인들이 입시 문제로 인해 고통당하고 있다고 하는 인식(5점 척도) 점수 평균은, 서울 지역 목회자들이 4.56으로 제일 높고, 광역시 4.30, 수도권 신도시 4.20, 중소도시 4.17, 읍면 지역 4.16으로 나타났다. 모든 지역에서 이러한 인식이 높은 편이지만, 특히 서울 지역에 있는 목회자들이 타 지역에 비해 이러한 인식이 높은 것으로 나타났다. 이는 서울 지역의 학생들이 입시 문제로 인해 더 고통당하고 있음을 간접적으로 드러내고 있기도 하지만, 서울지역의 목회자들이 입시 문제로 인한 고통을 더 심각하게 인식하고 있음을 보여 주는 것이라고 할 수 있다.[40]

3) 입시에 대한 가치관

한국교회의 목회자는 입시에 대해서 어떤 가치관을 가지고 있는가? 그 가치관은 일반 부모와 어떤 차이가 있는가? 과연 입시에 대한 기독교적 관점을 확립하고 있는가? 이런 질문들에 응답하기 위해서 입시에 대한 가치관을 조사하였다.

목회자가 입시와 신앙의 관계에 대해서 어떻게 생각하는지를 묻는 질문에 대해서 57.1%가 '입시보다 신앙이 우선되어야 한다'고 응답했으며, 35.5%가

---

[40] 지역에 따른 사후비교분석 결과, 서울시 목회자의 인식과 광역시의 목회자의 인식의 평균차는 .251이고, 유의확률은 .001로 영가설을 기각하므로 유의수준 .05에서 유의한 차이가 있으며, 서울시 목회자의 인식과 중소도시 목회자의 인식의 평균 차는 .389이고, 유의확률은 .001로 영가설을 기각하므로 유의수준 .05에서 유의한 차이가 있다. 반면에 나머지 경우에는 유의확률이 .05보다 크므로 영가설을 기각하지 못하므로 유의한 차이가 없다. 서울시의 인식이 수도권 신도시와 읍면지역의 인식과는 통계적으로 유의한 차이가 없게 나온 것은 2개 집단의 N값이 너무 작기 때문으로 판단된다.

귀하가 목회하는 교회는 어느 지역입니까?		평균차 (I-J)	표준오차	유의확률
서울시	수도권 신도시	.356	.150	.230
	광역시	.251(*)	.058	.001
	중소도시	.389(*)	.091	.001
	읍면지역	.398	.134	.070
수도권 신도시	광역시	.104	.150	.975
	중소도시	.033	.165	1.000
	읍면지역	.042	.193	1.000
광역시	중소도시	.138	.090	.677
	읍면지역	.146	.134	.880
중소도시	읍면지역	.009	.151	1.000

'신앙을 열심히 추구하면 입시 결과도 좋을 수밖에 없다'고 응답하였다. 전체적으로 신앙이 우선순위가 있음을 분명히 하고 있다고 할 수 있다.

1. 귀하는 입시와 신앙이 어떤 관계가 있다고 생각합니까?

		빈도	퍼센트
유효	입시와 신앙은 전혀 관계 없다	10	2.2
	입시보다 신앙이 우선되어야 한다	254	57.0
	신앙도 중요하지만 우선 입시 준비에 최선을 다해야 한다	23	5.2
	신앙을 열심히 추구하면 입시 결과도 좋을 수밖에 없다	159	35.7
	합계	446	100.0

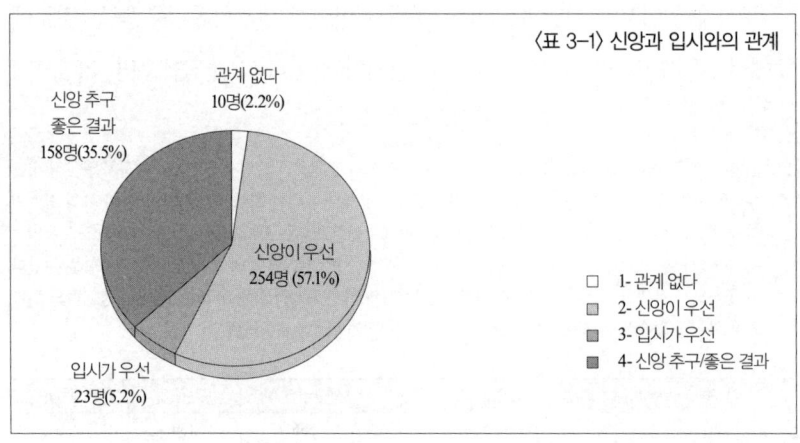

〈표 3-1〉 신앙과 입시와의 관계

사교육에 대한 목회자들의 인식은 '사교육은 필요한 경우로 제한되어야 한다'(95.5%)로 요약될 수 있다. 사교육을 무조건 찬성하는 것(1.6%)도 아니고 사교육을 무조건 부정하는 것(2.9%)도 아니다. 사교육은 필요하지만, 최근의 사교육 열풍과 같이 과도한 사교육을 받는 것에 대해서는 문제의식을 지니고 있는 것으로 보인다.

2. 사교육에 대한 견해는 무엇입니까?

		빈도	퍼센트
유효	사교육은 반드시 필요하다	7	1.6
	사교육은 필요한 경우로 제한되어야 한다	426	95.5
	사교육은 전혀 받지 않아야 한다	13	2.9
	합계	446	100.0

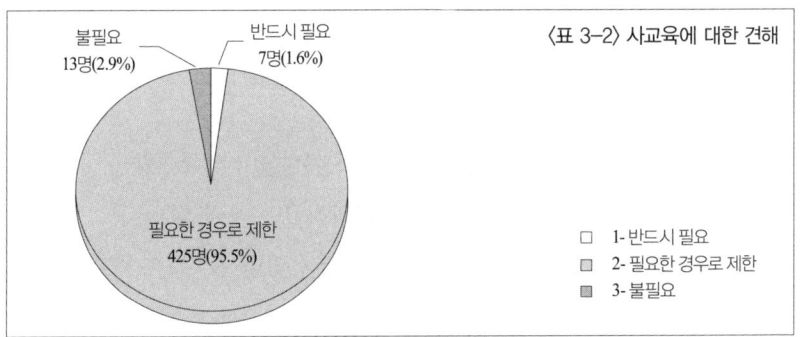

〈표 3-2〉 사교육에 대한 견해

목회자가 자녀에게 사교육을 받게 하는 가장 중요한 이유는 '부족한 영역을 보충하기 위해서'로서 53.9%를 차지하였고, '자녀의 재능 개발을 위해서'가 32.1%로서 그 뒤를 이었다. 그러나 '남들이 다 하니까'라고 응답한 경우도 11.7%로서 목회자의 경우도 다른 사람들이 다 사교육을 시키는 분위기에 편승하는 경우도 적지 않음을 보여 준다.

3. 귀하가 자녀에게 사교육을 받게 하는 가장 중요한 이유는 무엇입니까?

		빈도	퍼센트
유효	남들이 다 하니까	52	11.7
	부족한 영역을 보충하기 위해서	241	54.0
	공교육을 불신하기에	10	2.2
	자녀의 재능 개발을 위해서	143	32.1
	합계	446	100.0

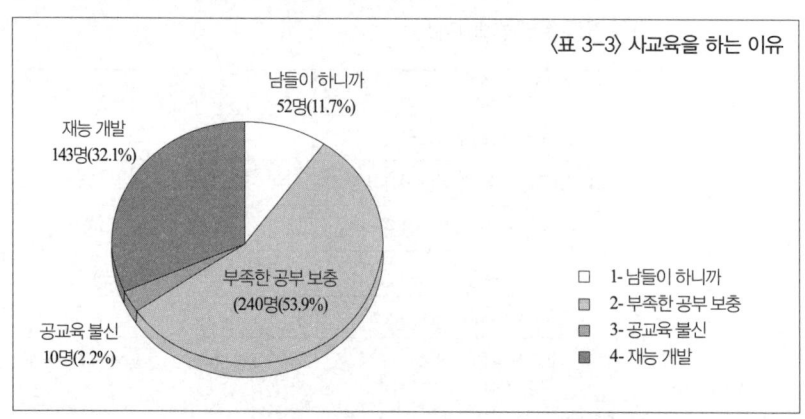

〈표 3-3〉 사교육을 하는 이유

목회자의 자녀 성공관을 확인하기 위해서 자녀들이 일류대학에 들어가는 것을 성공의 필수적인 요소로 보는지를 파악하였다. 이에 대해서 그렇지 않다(34.4%)고 응답한 경우가 그렇다(24.7%)라고 응답한 경우보다 약간 많았지만, 자녀교육의 성공을 위해서는 자녀가 소위 일류대학에 입학하는 것이 필수적이라는 반응도 상당 부분을 차지하는 것으로 나타나고 있음을 주목해야 할 것이다.

4. 자녀교육의 성공을 위해서는 자녀가 소위 일류대학에 입학하는 것이 필수적이라고 생각합니까?

		빈도	퍼센트
유효	매우 그렇다	13	2.9
	그렇다	110	24.7
	보통이다	149	33.4
	그렇지 않다	154	34.5
	매우 그렇지 않다	20	4.5
	합계	446	100.0

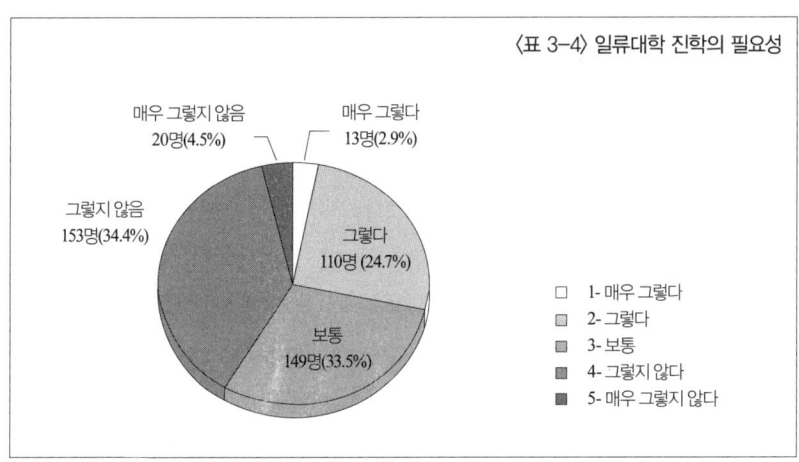

입시에 대한 기독교적 관점을 지니기 위한 노력에 대해서는 전체적으로 노력하고 있다고 응답하였는데, '매우 그렇다'가 29.2%, '그렇다'가 57.1%를 차지하였다. 구체적으로 어떤 노력을 기울이는지는 파악되고 있지 않지만, 목회자로서 나름대로 입시에 대한 기독교적 관점에 대해 관심을 갖고 있음을 알 수 있다.

5. 귀하는 입시에 대해 기독교적 관점을 지니기 위해 노력합니까?

		빈도	퍼센트
유효	매우 그렇다	130	29.1
	그렇다	255	57.2
	보통이다	59	13.2
	그렇지 않다	2	.4
	합계	446	100.0

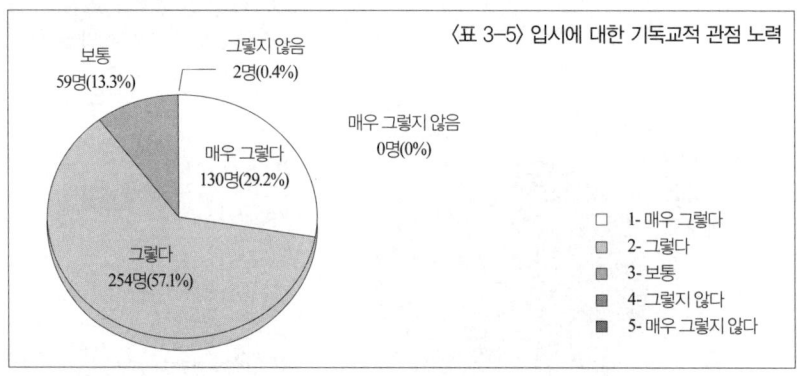

〈표 3-5〉 입시에 대한 기독교적 관점 노력

4) 교회와 입시의 관계

입시와 교회학교 침체의 관계에 대해서는 거의 대부분이 입시가 교회학교 침체에 영향을 미치고 있다고 보았다. '매우 그렇다'고 응답한 경우가 26.5%, '그렇다'고 응답한 경우가 61.8%로서 88.3%가 교회학교의 침체의 원인으로 입시가 작용하고 있음을 인정하고 있다.

1. 입시가 교회학교 침체에 영향을 미친다고 생각합니까?

		빈도	퍼센트
유효	매우 그렇다	118	26.5
	그렇다	276	61.9
	보통이다	38	8.5
	그렇지 않다	14	3.1
	합계	446	100.0

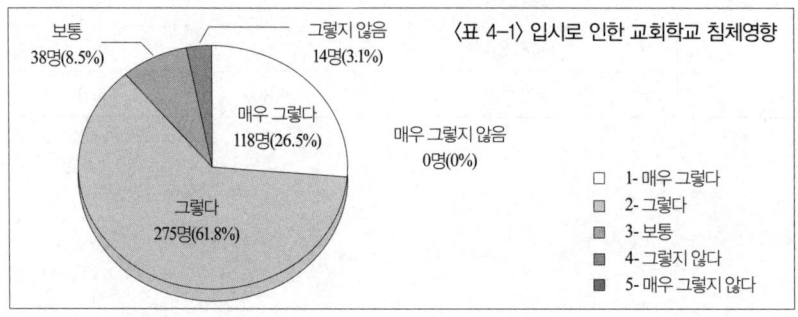

〈표 4-1〉 입시로 인한 교회학교 침체영향

목회자의 자녀가 주일에도 학원을 가는지를 묻는 질문에 대해서는 78%가 주일에는 학원에 가지 않는다고 응답하였다. 그러나 나머지 22%는 어떤 형태로든 주일에 학원에 가고 있는 것으로 나타났다. 그 중 교회학교 예배는 참석하고 학원에 가는 경우가 16.4%, 장년 예배에 참석하고 학원에 가는 경우가 2.2%를 차지하였고, 교회학교 예배에 참석하지 못하고 학원에 가는 경우도 3.4%가 되었다. 수치가 높은 것은 아니더라도 목회자의 자녀들 중에서도 주일에 학원가기 때문에 교회학교를 나가지 못하는 경우가 있음을 분명히 보여 주는 통계라고 할 수 있다.

2. 자녀가 주일에도 학원에 가고 있습니까?

		빈도	퍼센트
유효	교회학교 예배에 참석하지 못하고 학원에 간다	15	3.4
	교회학교 예배는 참석하고 학원에 간다	73	16.4
	장년 예배에 참석하고 학원에 간다	10	2.2
	주일에는 학원에 가지 않는다	348	78.0
	합계	446	100.0

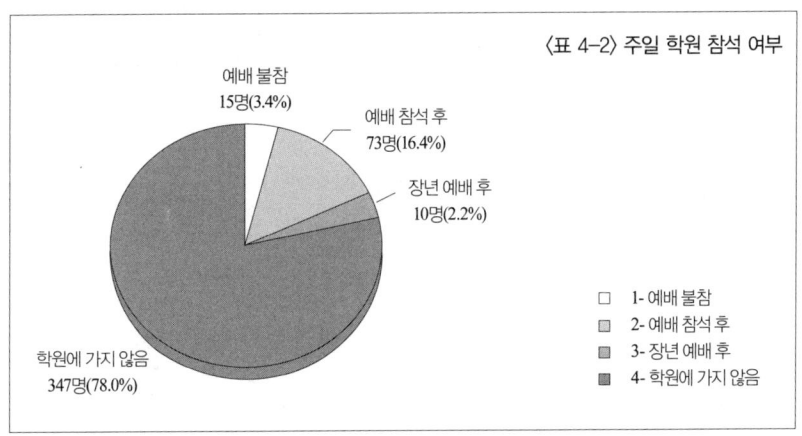

〈표 4-2〉 주일 학원 참석 여부

주일에 학교, 학원 안 보내기 운동을 펼치는 것에 대한 반응은 76.2%가 '적극적으로 지지한다'고 응답하였다. 이는 주일에는 예배를 드리고 신앙교육에 우선순위를 두어야 한다는 견해로서 현재 입시, 사교육 바로세우기 기독교운동이 시작한 '주일에는 먼저 교회로' 캠페인이 많은 목회자들로부터 공감을 받을 수 있음을 보여 준다. 그러나 17.1%는 '지지하지만 현실성이 없다'고 응답하였는데, 이는 제도적 뒷받침이 없는 상태에서 단지 주일에 학교, 학원 안 보내기 운동을 하는 것의 한계를 지적한 것으로 보인다. 그리고 6.7%의 목회자는 '주일예배에 참석한다면 학교, 학원에 가도 관계없다'고 응답하였는데, 예배에 참석한다는 전제로 주일 학교, 학원가기를 허용하는 입장이다. 주일 학교, 학원 안 보내기 운동은 이런 현실을 고려하여 신중히 추진되어야 할 것이다.

3. 주일에 학교, 학원 안 보내기 운동에 대해서 어떻게 생각합니까?

		빈도	퍼센트
유효	적극적으로 지지한다	340	76.2
	지지하지만 현실성이 없다	76	17.0
	주일 예배에 참석한다면 학교, 학원에 가도 관계없다	30	6.7
	합계	446	100.0

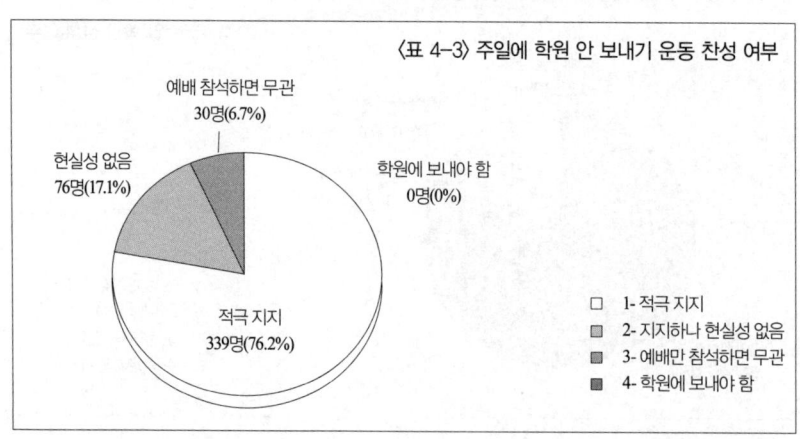

〈표 4-3〉 주일에 학원 안 보내기 운동 찬성 여부

목회자들의 기독교학교에 대한 인식, 특히 기독교학교에서 기독교적 가치관으로 입시 지도가 이루어지고 있다고 생각하는지를 묻는 질문에 대해서는 부정적인 견해가 많았는데, 45.6%가 '그렇지 않다'고 응답하였고, 8.1%가 '매우 그렇지 않다'고 응답하여서, '그렇다'(13.5%), '매우 그렇다'(2.0%)고 응답한 경우보다 훨씬 많았다. 즉, 목회자의 53.7%가 기독교학교에서 기독교적인 입시 지도가 이루어지고 있지 않다고 반응하였는데, 기독교학교가 입시에 대해서는 일반 학교와 크게 다르지 않다고 인식하고 있는 것이다. 물론 이 결과만으로 실제적으로 기독교학교에서 기독교적인 입시 지도가 이루어지고 있지 않다고 단정할 수는 없지만 기독교학교가 목회자들로 하여금 긍정적인 반응을 보일 수 있도록 노력할 필요가 있는 것으로 보인다.

4. 한국의 기독교학교에서 기독교적 가치관으로 입시 지도가 이루어지고 있다고 생각합니까?

		빈도	퍼센트
유효	매우 그렇다	9	2.0
	그렇다	60	13.5
	보통이다	138	30.9
	그렇지 않다	203	45.5
	매우 그렇지 않다	36	8.1
	합계	446	100.0

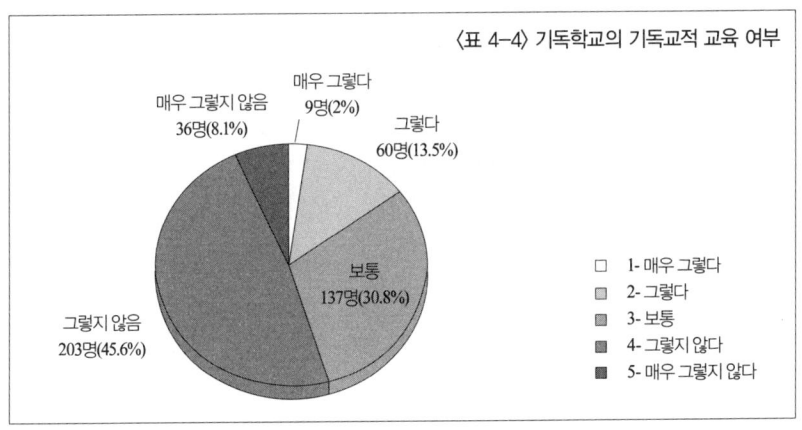

〈표 4-4〉 기독학교의 기독교적 교육 여부

목회자들이 교인들의 가정에서 자녀 신앙교육이 잘 이루어지는 것으로 생각하는지를 묻는 질문에 대해서는 30.8%가 '그렇지 않다'고 부정적인 반응을 보여서 '그렇다'고 긍정적으로 응답한 경우(9.9%)보다 훨씬 높은 비율을 차지하고 있는 것으로 나타났다. 이는 한국교회의 목회적 과제 중 가정에서의 자녀 신앙교육이 중요한 비중을 차지해야 할 것을 보여 주는 근거가 될 수 있을 것이다.

5. 교인들의 가정에서 자녀 신앙교육이 잘 이루어진다고 생각합니까?

		빈도	퍼센트
유효	매우 그렇다	3	.7
	그렇다	44	9.9
	보통이다	241	54.0
	그렇지 않다	137	30.7
	매우 그렇지 않다	21	4.7
	합계	446	100.0

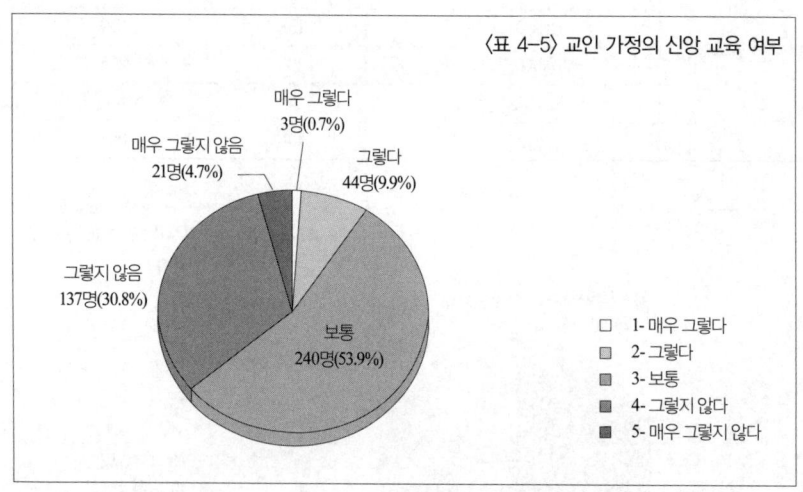

〈표 4-5〉 교인 가정의 신앙 교육 여부

5) 교회의 입시 문화

한국교회는 어떤 입시 문화를 갖고 있는가? 교회 내에 입시에 관련된 어떤 활동들이 이루어지고 있는가? 문화는 그 집단의 의식의 반영이면서 동시에 의식을 형성하는 영향력을 끼치기에 어떤 문화를 갖느냐는 중요한 의미가 있다.

한국교회 안에서 이루어지는 입시와 관련된 교회 행사(활동)로는 가장 높은 비중을 차지하는 것이 기도인 것으로 드러났는데, 수능을 위한 작정 기도회가 67.7%, 수능 당일 기도회가 65.7%, 입시철 목회자의 안수기도가 49.1%인 것으로 나타났다. 진로 세미나는 32.5%, 주말학교, 방과후 학교는 18.6%, 교회부설 대안학교가 12.1%인 것으로 나타났으며, 대학 합격자 광고라고 응답한 경우도 5.4%가 되었다. 결국 한국교회 안의 입시 문화는 입시를 위한 기도회 형태가 주종을 이루고 있으며, 입시에 대한 기독교적 관점을 확립해 줄 수 있는 활동이 취약하다고 할 수 있다.

1. 입시와 관련된 교회 행사(활동)에는 어떤 것들이 있습니까?

		빈도	퍼센트
유효	교회 부설 대안학교	54	12.1
	주일학교, 방과후 학교	83	18.6
	진로세미나	145	32.5
	수능을 위한 작정 기도회	302	67.7
	수능 당일 기도회	293	65.7
	입시철 목회자의 안수기도	219	49.1
	대학 합격자 광고	24	5.4
	기타	14	3.1

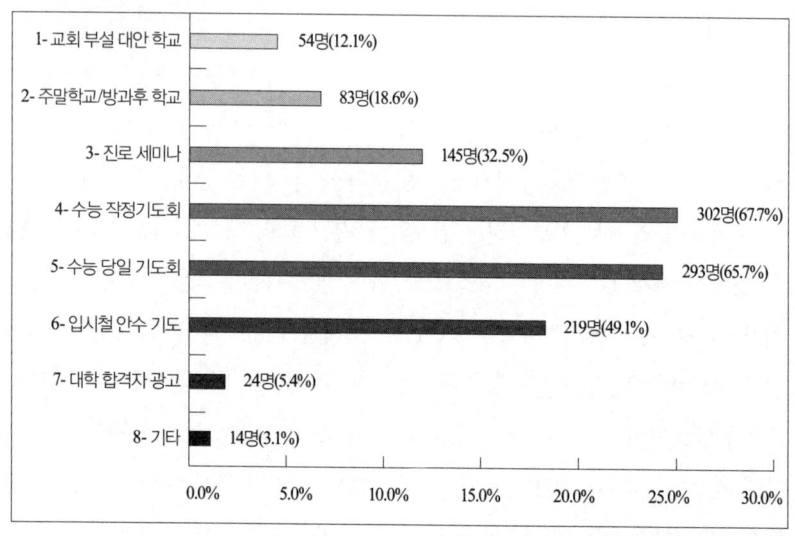

〈표 5-1〉 입시와 관련된 교회 행사(다중 응답)

수능시험 당일에 시간표에 맞춘 기도회에 대한 견해는 83.7%가 '기도회는 필요하지만 기도제목이나 진행 방식을 바꾸어야 한다'고 응답하여, 대부분의 목회자가 현재의 기복적인 형태의 수능 당일 기도회에 대한 개선이 필요함을 인정하고 있다.

2. 수능시험 당일 시간표에 맞춘 기도회에 대한 견해가 어떠합니까?

		빈도	퍼센트
유효	높은 성적을 거두기 위해 꼭 필요하다	20	4.5
	기도회는 필요하지만 기도 제목이나 진행 방식을 바꾸어야 한다	372	83.4
	수능시험 당일 기도회는 필요하지 않다	52	11.7
	합계	444	99.6
결측	시스템 결측값	2	.4
	합계	446	100.0

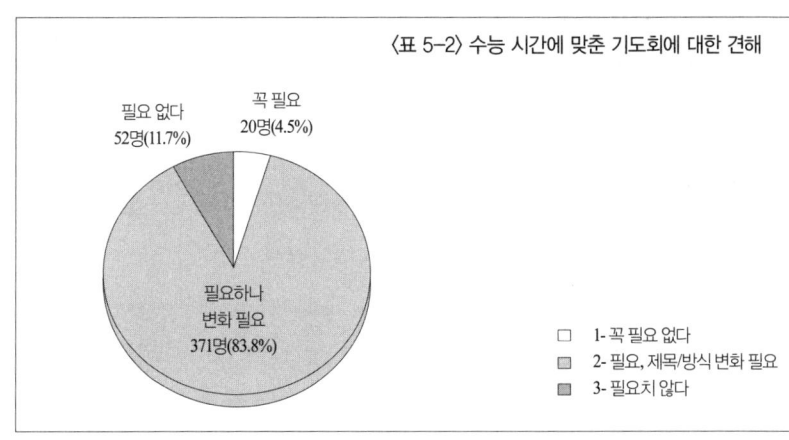

교회 안의 여전도회나 구역모임을 통해 입시에 대한 기독교적 가치관이 확산된다고 생각하는지를 묻는 설문에 대해서는 43.4%가 오히려 교회 안의 모임이지만 입시에 대한 세속적인 가치관의 영향을 받는 것으로 응답하였다. 교회 내의 이런 모임들이 입시에 대한 기독교적 가치관을 격려한다고 응답한 목회자는 전체의 22.5%에 불과하였다. 이는 교회 안의 모임에도 비기독교적 영향력이 미칠 수 있음을 인정한 것으로서, 교인들이 교회에 출석하는 것을 넘어서서 기독교적 가치관으로 서로를 격려하는 문화와 풍토가 필요함을 보여준다.

3. 교회 안의 여전도회나 구역모임을 통해 입시에 대한 기독교적 가치관이 확산된다고 생각합니까?

		빈도	퍼센트
유효	입시에 대한 기독교적 가치관으로 격려받는다	101	22.6
	입시에 대한 세속적인 가치관의 영향을 받는다	193	43.3
	입시와 관계없는 모임이다	152	34.1
	합계	446	100.0

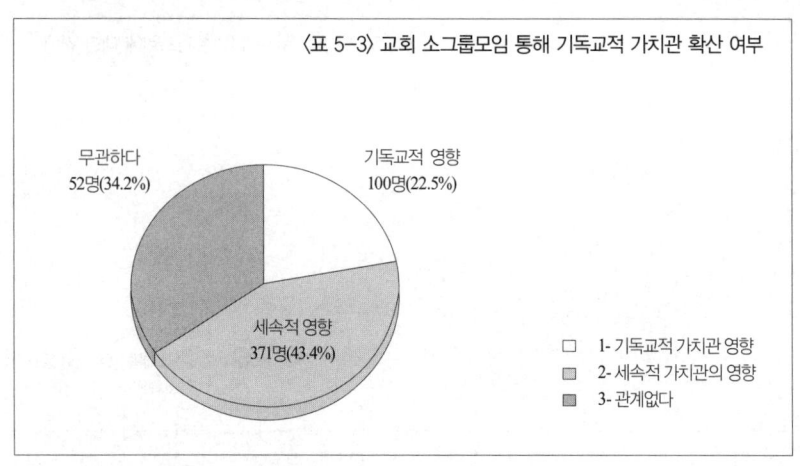

〈표 5-3〉 교회 소그룹모임 통해 기독교적 가치관 확산 여부

'일류대학 합격은 하나님의 축복이다'는 말에 대한 반응에 있어서는 31%가 '동의하지 않는다'에 응답하였지만, 24%가 '동의하는 편이다'라고 응답하고 있어서, 목회자들 중 상당수가 일류대학 합격을 자녀교육의 성공의 기준으로 삼고 있음을 보여 준다.

4. '일류대학 합격은 하나님의 축복이다'는 말에 대해서 어떻게 생각합니까?

		빈도	퍼센트
유효	적극적으로 동의한다	7	1.6
	동의하는 편이다	107	24.0
	그저 그렇다	138	30.9
	동의하지 않는 편이다	138	30.9
	적극적으로 동의하지 않는다	56	12.6
	합계	446	100.0

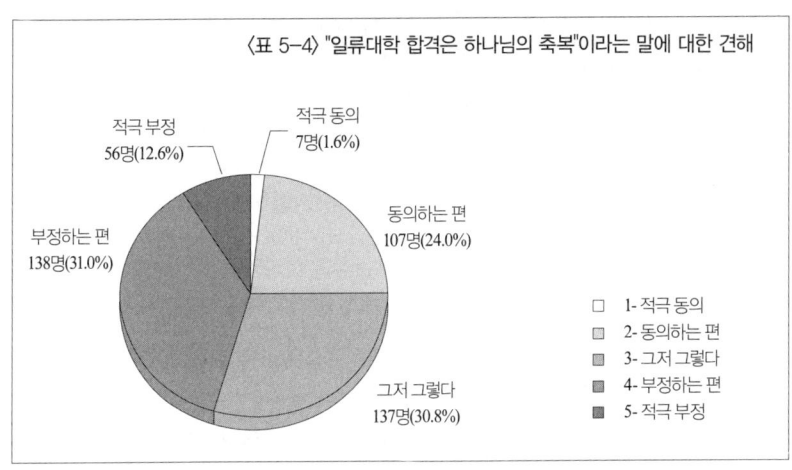

〈표 5-4〉 "일류대학 합격은 하나님의 축복"이라는 말에 대한 견해

'일류대학 합격은 하나님의 축복이다'는 말에 대한 동의 여부를 지역별로 교차분석을 해 보면 통계적으로 유의미한 결과를 얻을 수 있는데, 일류대학 합격은 하나님의 축복이라는 말에 동의하는 정도를 측정한 인식(5점 척도) 점수 평균은, 읍면 지역 목회자들이 3.21로 가장 높고, 수도권 신도시 2.87, 광역시 2.80, 서울시와 중소도시는 2.58로 나타났다. 읍면 지역 목회자들이 일류대학 합격이 곧 축복이라는 의식을 더 많이 가지고 있는 것으로 나타났다. 이는 읍면 지역의 목회자들이 보다 전통적인 입시관을 지니고 있음을 반증하는 결과라고 할 수 있을 것이다.

	평균	표준편차	N
1. 읍면지역	3.21	.787	19
2. 수도권 신도시	2.87	1.187	15
3. 광역시	2.80	1.005	184
4. 서울시	2.58	.997	180
4. 중소도시	2.58	1.088	48
합계	2.71	1.016	446

	제곱합	자유도	평균제곱	F	유의확률
집단-간	10.424	4	2.606	2.558	.038
집단-내	449.264	441	1.019		
합계	459.688	445			

* 집단의 평균차이에 대한 F값이 2.558, 유의확률은 .038로 유의수준 .05에서 목회지역에 따라 '일류대학 합격은 하나님의 축복이다'라고 생각하는 인식에는 유의한 차이가 있다. 사후비교분석에서 유의한 차이가 나오지 않는 것은, 실제로 차이를 나타내고 있는 수도권 신도시와 읍면지역의 응답 N 값이 너무 작기 때문으로 판단된다.

6) 입시에 대한 교회의 역할 기대

한국교회 목회자의 입시, 사교육 바로세우기 기독교운동(입사기 운동)에 관한 인지도는 높지 않은 것으로 나타났는데, 16.4%만 '들어본 적이 있다'고 응답하였고, 나머지 83.6%는 '들어본 적이 없다'고 응답하였다.

1. 입사기 운동(입시 사교육 바로세우기 기독교운동)에 관해 들어본 적이 있습니까?

		빈도	퍼센트
유효	있다	73	16.4
	없다	373	83.6
	합계	446	100.0

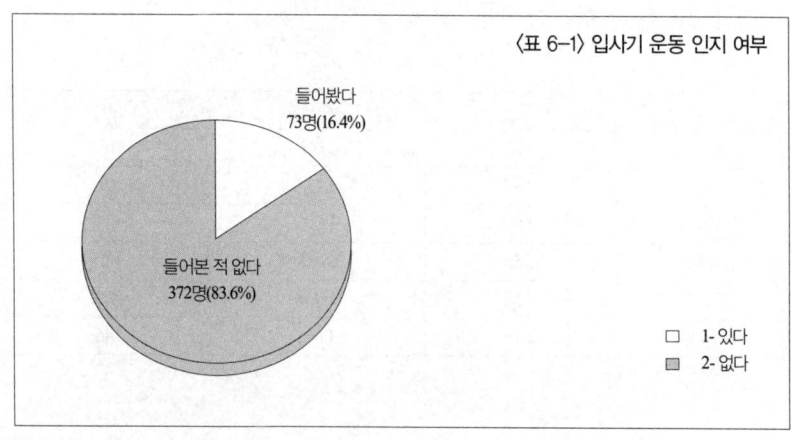

〈표 6-1〉 입사기 운동 인지 여부

입사기 운동의 취지를 간단히 설명하고, 입시, 사교육 문제에 대해 한국교회와 기독교인들이 기독교적으로 응답하려는 이러한 운동에 대해 필요성을 공감하는지를 묻는 설문에서는 54.2%가 '그렇다'고 응답하였고, 33.7%가 '매우 그렇다'고 응답하여서 매우 높은 관심을 보이는 것으로 나타났다.

2. 입사기 운동은 오늘날 한국의 입시, 사교육 문제에 대해서 한국교회와 기독교인들이 기독교적으로 응답하려는 운동입니다. 이 운동의 필요성에 공감합니까?

		빈도	퍼센트
유효	매우 그렇다	150	33.6
	그렇다	242	54.3
	보통이다	47	10.5
	그렇지 않다	6	1.3
	매우 그렇지 않다	1	.2
	합계	446	100.0

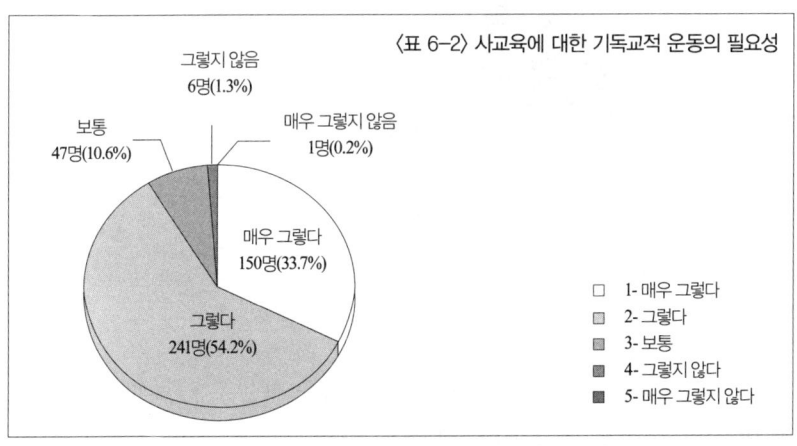

〈표 6-2〉 사교육에 대한 기독교적 운동의 필요성

교회에서 어떻게 입시를 준비시키는가를 묻는 설문에 대해서는 56%가 수능대비 특별기도회를 꼽았고, '공부(대학 입시)의 목적, 의미 등을 알려 준다'고 응답한 경우는 18%인 것으로 나타났다. 실제 '다양한 프로그램을 통해 학업 증진에 도움을 준다'고 응답한 경우는 전체의 7%에 불과한 것으로 나타났다.

3. 우리 교회에서는 입시를 위해 어떻게 준비하고 있습니까?

		빈도	퍼센트
유효	수능 대비 특별 기도회를 실시한다	250	56.1
	수험생들을 위한 프로그램을 실시하여 학업 증진에 도움을 준다	31	7.0
	특별한 준비를 하고 있지 않다	57	12.8
	수험생들의 교회활동을 자제시키고 있다	3	.7
	공부(대학입시)의 목적, 의미 등을 알려 준다	80	17.9
	잘 모르겠다	25	5.6
	합계	446	100.0

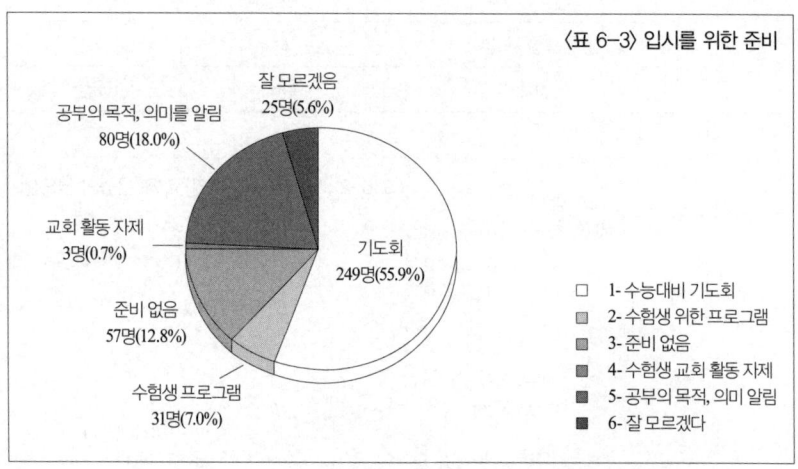

〈표 6-3〉 입시를 위한 준비

교회가 과연 입시 위주의 교육 풍토에 영향을 미칠 수 있을 것인가? '교회가 입시 위주의 교육의 한계를 극복하는 기독교교육을 실천한다면, 입시 위주의 교육 풍토에 어떤 영향을 미칠 것이라고 생각하는가'라는 설문에 대해 48.6%가 '교회부터 시작하여 점차적으로 한국교육과 입시 문화의 변화에 영향력을 미칠 수 있다'고 긍정적으로 응답하였다. 그리고 '교인들의 교육적 가치관을 변화시킬 수 있다'는 응답도 25.4%나 되어서, 이 둘을 합한 74%가 입시 문제를 해결하는 데 있어서 교회가 역할을 감당할 수 있다고 보았다. 그리고 24%는 여전히 현실 사회가 바뀌지 않는 한 불가능하다고 응답함으로써 부정적인 시각도 상존함을 드러내 주고 있다.

4. 교회가 입시 위주 교육의 한계를 극복하는 기독교교육을 실천한다면, 입시 위주의 교육 풍토에 어떤 영향을 미칠 것이라 생각합니까?

		빈도	퍼센트
유효	현실 사회가 바뀌지 않는 한 불가능하다	107	24.0
	교회 어른들의 교육적 가치관을 변화시킬 수 있다	113	25.3
	교회부터 시작하여 점차적으로 한국교육과 입시 문화의 변화에 영향력을 미칠 수 있다	217	48.7
	교회와 입시 교육과는 별개의 문제이다	6	1.3
	기타	3	.7
	합계	446	100.0

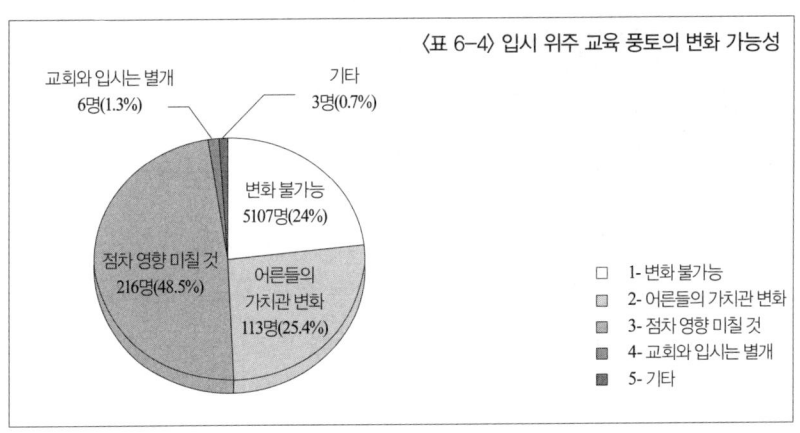

〈표 6-4〉 입시 위주 교육 풍토의 변화 가능성

이러한 교회의 입시 위주 교육 풍토 개선 가능성에 대한 긍정적인 결과는 김창환의 '한국교회에서의 입시 이해' 연구에서 교인들의 반응과도 상통하는데, 교회가 입시 위주의 교육 풍토에 영향을 미칠 수 있는지에 대해 어떻게 생각하는지 묻는 질문에 60.2%의 응답자가 점차적으로 한국 교육 문화에 영향을 줄 것이라고 생각하는 것으로 나타났다. 19.4%가 현실 사회가 바뀌지 않는 한 불가능할 것이라고 응답하였고, 10.5%가 교회 어른들의 교육 가치관을 변화시킬 수 있다고 응답하였고, 7.0%가 교회와 입시 교육은 별개의 문제라고 생각하는 것으로 나타났다.[41] 같은 설문에 대한 두 집단의 반응을 비교해 보면, 목회자의 반응보다 교인들의 반응이 더 긍정적인 것으로 나타났다. 특히 교회부터 시작해서 점차 영향을 미치게 될 것으로 보는 견해에 있어서 교인들은 60.2%가 응답한 것에 비해서, 목회자들은 48.5%가 응답하였다. 그러나 전반적으로 교회가 입시 위주의 교육 풍토를 변화시킬 수 있다고 낙관적으로 보기 때문에 한국교회가 입시 문제 해결을 위한 노력은 시도해 볼 만한 가치가 있는 것으로 파악된다.

〈표 48〉 교회가 입시 위주 교육 풍토에 미치는 영향

구분	현실 사회가 바뀌지 않는 한 불가능	교회 어른들의 교육가치관 변화	점차적으로 한국 입시 교육문화에 영향	교회와 입시교육은 별개의 문제임	기타	합계	결측치
빈도(명)	149	81	463	54	22	769	45
비율(%)	19.4	10.5	60.2	7.0	2.9	100.0	

한국교회의 입시 문제 해결 가능성은 교인들을 대상으로 한 '교회가 한국교육의 긍정적 변화에 기여할 수 있을지'를 묻는 질문을 통해서도 드러나고 있는데, 이 질문에 대하여 아래 도표와 같이 응답 교인들의 89.2%가 그렇다고 응답하여, 한국교육에 대한 교회의 관심과 영향을 희망적으로 기대하고 있다는 점을 알 수 있다.[42]

---

41) 김창환, '한국교회에서의 입시 이해', 152.
42) 김창환, '한국교회에서의 입시 이해', 145.

〈표 49〉 교회가 한국 교육의 개선에 기여할 수 있는지에 대한 생각

구분	그렇다	아니다	합계	결측치
빈도(명)	704	85	789	25
비율(%)	89.2	10.8	100.0	

기독교적 입시 문제 해결을 위해 가장 중요한 사람으로는 73.3%가 학부모를 꼽았는데, 학부모가 변화될 때 자녀교육의 문제가 근본적으로 해결될 수 있다고 인식하고 있음을 알 수 있다. 그 다음은 13.9%가 목회자라고 응답함으로써 목회자의 적극적인 역할이 필요함을 시사하고 있다. 결국 기독교적 입시 문제 해결은 학부모에게 달려 있는데, 목회자가 학부모들을 기독학부모로 세우게 될 때 가장 강력한 변화가 일어날 수 있음을 보여 준다고 할 수 있다.

5. 기독교적인 입시 문제 해결을 위해 가장 중요한 사람은 누구라고 생각합니까?

		빈도	퍼센트
유효	목회자	62	13.9
	학부모	327	73.3
	학생	9	2.0
	학교교사	11	2.5
	교육과학기술부 장관	8	1.8
	대통령	20	4.5
	기타	9	2.0
	합계	446	100.0

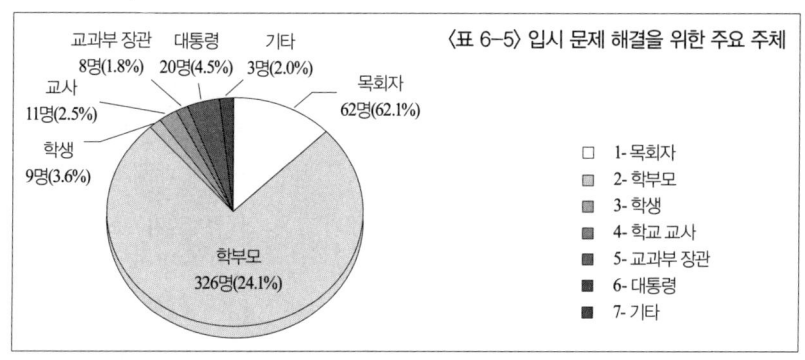

〈표 6-5〉 입시 문제 해결을 위한 주요 주체

교회에서 기독학부모 교실 개설의 필요성에 대해서는 '매우 그렇다'가 37.1%, '그렇다'가 52.6%로서 목회자의 89.7%가 기독학부모 교실의 필요성을 인정하고 있음을 알 수 있다.

6. 교인들이 기독학부모로서의 정체성을 갖고 자녀교육을 하기 위해 교회에서 기독학부모교실을 개설하는 것이 필요하다고 생각합니까?

		빈도	퍼센트
유효	매우 그렇다	165	37.0
	그렇다	235	52.7
	보통이다	42	9.4
	그렇지 않다	4	.9
	합계	446	100.0

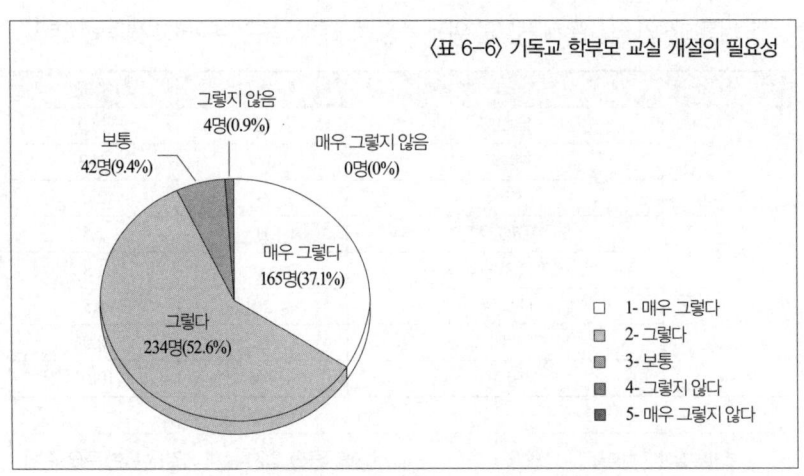

〈표 6-6〉 기독교 학부모 교실 개설의 필요성

목회자가 교인들로 하여금 기독교적 자녀교육을 실천하도록 돕기 위해 '목회자 교육 세미나'가 필요하다고 생각하는지를 묻는 설문에 대해서는 60.9%가 '그렇다'고 응답했고, 26.35가 '매우 그렇다'고 응답함으로써 그 필요성을 공감하고 있는 것으로 나타났다.

7. 목회자가 교인들로 하여금 올바른 기독교적 자녀교육을 실천하도록 돕기 위해 '목회자 교육 세미나'가 필요하다고 생각합니까?

		빈도	퍼센트
유효	매우 그렇다	117	26.2
	그렇다	272	61.0
	보통이다	52	11.7
	그렇지 않다	5	1.1
	합계	446	100.0

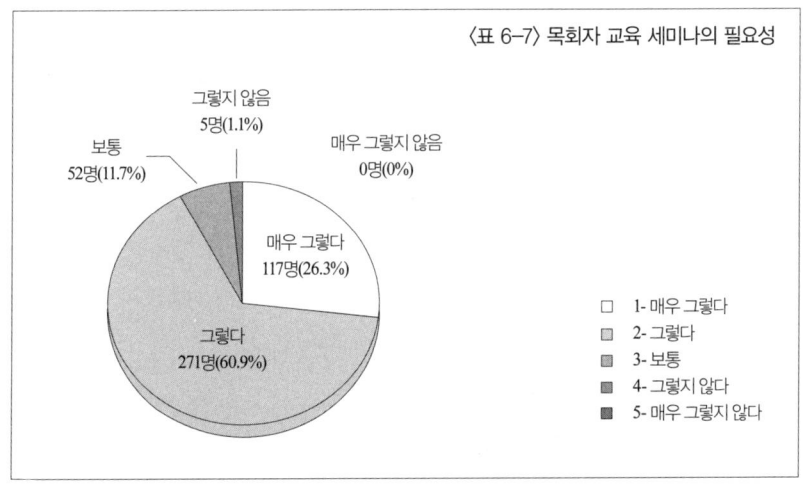

〈표 6-7〉 목회자 교육 세미나의 필요성

목회자가 설교를 통해서 교인들로 하여금 성격적인 자녀교육의 관점을 확립하도록 도울 수 있다고 생각하는지를 묻는 설문에 대해서도 역시 긍정적인 반응을 보였는데, 64%가 '그렇다'고 응답하였고, 27.2%가 '매우 그렇다'고 응답하여서 91.2%가 긍정하고 있는 것으로 나타났다.

8. 목회자가 설교를 통해 교인들로 하여금 자녀교육에 대한 성경적 관점을 확립하도록 도울 수 있다고 생각합니까?

		빈도	퍼센트
유효	매우 그렇다	121	27.1
	그렇다	286	64.1
	보통이다	38	8.5
	그렇지 않다	1	.2
	합계	446	100.0

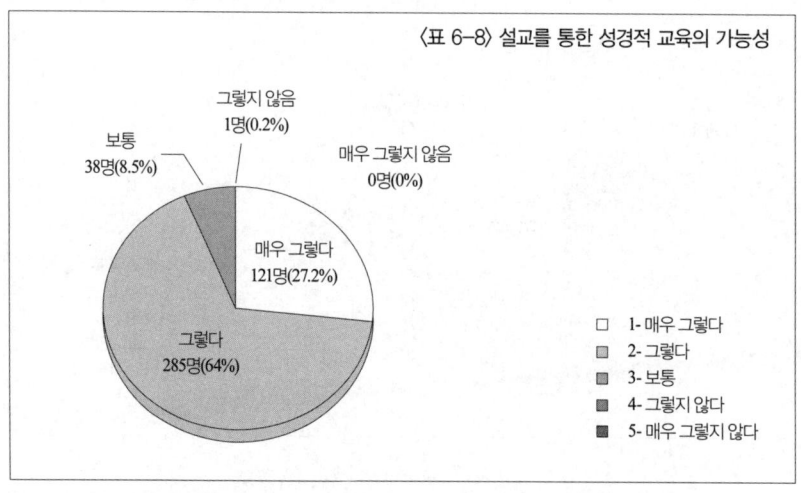

〈표 6-8〉 설교를 통한 성경적 교육의 가능성

　입시에 대한 기독교적 대응은 제도적 개선도 포함하는데, 목회자들이 가장 필요하다고 생각하는 방안으로는 '학력 위주의 인사선발 방식의 변화'(47.9%), '대학의 학생선발 기준의 변화'(33.9%)를 중요하게 꼽았으며, '사교육에 대한 정부의 규제 강화'도 6.7%, '학력에 따른 임금 격차 완화'도 6.5%를 차지하는 것으로 나타났다. 즉, 직장이나 대학의 선발 방식이 새롭게 변화될 때만이 입시 문제가 보다 근본적으로 해결될 수 있다고 보고 있는 것으로 드러났다. 한국교회에서 교육에 대한 의식 개혁만이 아니라 이러한 제도적 변화도 더불어 추진하여야 할 필요성을 보여 주는 결과이기도 하다.

9. 입시에 대한 기독교적 대응은 제도개선을 포함하는데, 어떤 방안이 가장 필요하다고 생각합니까?

		빈도	퍼센트
유효	학력위주의 인사선발 방식의 변화	214	48.0
	대학의 학생선발 기준 변화	151	33.9
	학력에 따른 임금격차 완화	29	6.5
	수능출제 방식의 변화	14	3.1
	사교육에 대한 정부의 규제 강화	30	6.7
	기타	8	1.8
	합계	446	100.0

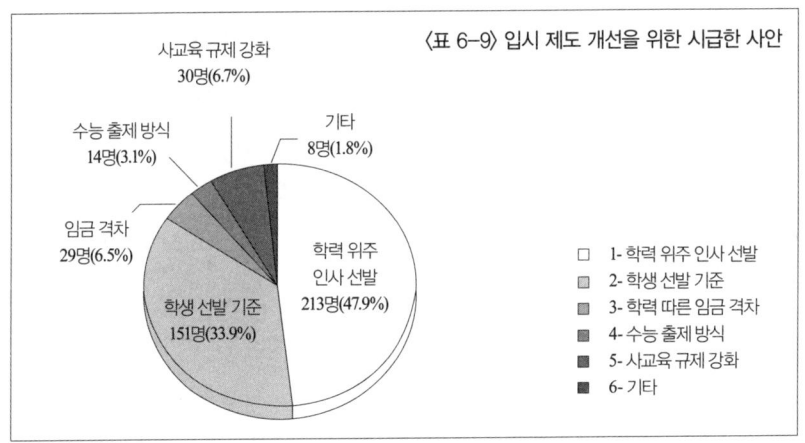

〈표 6-9〉 입시 제도 개선을 위한 시급한 사안

VI. 입시 문제 해결을 위한 한국교회의 과제

1. 목회자의 교육에 대한 인식 개선

한국교회가 입시 문제 해결을 도모하기 위해서 가장 중요한 과제는 먼저 목회자들이 그동안 교육 고통에 대해 충분히 응답하지 못한 것에 대해 회개하며, 오늘날의 교육 고통의 현실에 관심을 갖고 이를 기독교적으로 성찰하는 것이다. 입시 문제를 신앙과 관계없는 교육 문제로 간주하는 것이 아니라 입시 문제에 개입되어 있는 가치의 문제로 직시하면서, 기독교적 가치의 관점에서 입시 문제를 접근하는 것이 필요하다. 교회가 교회성장을 위해 존재하는 것이 아니라 하나님 나라를 위해 존재하는 것임을 확인하고, 교육의 영역에서 하나님 나라를 추구하는 관점의 정립이 요청된다. 교회는 세속의 가치 체계에 대해서 하나님의 말씀에 근거한 '대안적 가치 체계'를 지닌 대안적 공동체로서, 교육의 영역에서도 하나님의 교육에 근거하여 기존의 교육을 변혁하는 '대안적 교육공동체'가 되어야 할 것이다.

한국교회의 목회자들이 교육에 대한 이런 인식을 확립하기 위해서는 목회자들을 위한 교육이 요청된다. 목회자들을 교육 문제에 대한 기독교적 변혁의 주체로 세우기 위해서는 체계적인 교육과정의 개발이 필요한데, 이는 교회와 하나님 나라의 관계, 교육 고통과 인간의 죄, 기독교적인 자녀교육관, 기독교적 입시 이해, 교인들의 교육의식 개혁을 위한 목회 전략 등의 주제들을 포함하여야 할 것이다. 목회자들을 위한 이러한 교육은 일방적인 강의식 교육보다는 목회자 스스로가 참여하여 자신의 교육관을 나누고 문제를 발견하고 이를 변화시키는 토의식, 대화식, 그리고 워크숍의 형태로 진행하는 것이 바람직하다. 또한 인지적인 변화만이 아니라 교육 고통에 대해서 그 아픔을 함께 느끼며 애통해 할 수 있는 감성적인 접근이 필요하며, 목회자 자신의 자녀교육과 목회방식을 구체적으로 변화시켜 갈 수 있는 의지적이고 실천적인 접근이 요청된다.

목회자의 교육에 대한 인식 변화는 단기간의 교육만이 아니라 장기적으로는 목회자 양성기관인 신학교의 교육에서부터 추구될 필요가 있다. 신학교의 커리큘럼 가운데 교육 문제를 기독교적인 관점으로 성찰하고, 목회를 통해 어떻게 기독교적인 교육으로의 변화를 시도할 것인지를 탐구할 수 있는 과목이 필요하다. 이는 비단 교육 문제뿐만 아니라 정치, 경제, 환경 등 사회 문제 전반에 대한 기독교적 접근을 다룰 수 있어야 할 것이다. 물론 교회성장주의를 넘어서서 하나님 나라를 추구할 수 있는 신학의 토대 위에서 탐구될 수 있어야 할 것이다. 별도의 과목을 개설하기가 어렵다면 대부분의 신학교에서 필수 과목으로 개설하고 있는 '기독교교육개론'을 단지 교회학교 교육에만 초점을 두는 것이 아니라 그 지평을 넓혀 교육 전반에 대한 기독교적 시각을 배우는 기회로 삼을 필요가 있다. 입시 문제 해결을 위한 한국교회의 역할에 있어서 목회자의 역할이 가장 중추적임을 인식하고 목회자들의 교육에 대한 기독교적 관점 확립을 위한 다각적인 노력을 기울여야 할 것이다.

2. 기독학부모 세우기

한국교회가 입시 문제 해결을 도모하기 위한 필수적인 과제로서 '기독학부모 세우기'를 꼽을 수 있다. 대부분의 교인들이 학부모인데, 이들을 단지 '교회 다니는 부모'로 머무르게 하는 것이 아니고 '크리스천 부모', '기독학부모'가 되도록 도와야 한다. 부모가 자녀 교육의 주체(신 6:4-9)이기에, 부모가 기독교적인 자녀 교육관을 갖고 이를 실천하는 변화 없이 교육 문제의 해결을 기대할 수 없다. 교인들로 하여금 기독교적인 자녀 교육관을 갖게 하고 입시 문제에 대해서도 기독교적으로 바라보고 실천하도록 하기 위해서는 크게 두 종류의 교육이 필요하다. 하나는 일반적인 교육이고 다른 하나는 특수한 교육이다. 일반적인 교육은 예배와 설교, 성경공부를 비롯해 목회 전반을 통해서 교인들로 하여금 올바른 신앙을 갖게 하는 노력이다. 특수한 교육은 자녀를 둔 교인들을 대상으로 보다 구체적인 교육을 실시하는 것으로서 대표적인 교육 방안으로 기독학부모교실을 들 수 있다.

크리스천 부모가 자녀를 기독교적으로 양육하고 교육에 대한 기독교적 시각을 갖고 이를 실천하도록 하는 것은 그 부모의 신앙 성숙을 위한 노력과 분리해서 생각할 수 없다. 부모가 예수 그리스도를 믿음으로 진정한 거듭남을 경험하는 것은 기독교적 자녀 교육의 출발점이다. 구원의 확신을 갖고 기독교적 삶을 결단하는 것은 가치관의 변화를 의미하며, 이것이 선명할수록 구원 이전의 삶의 가치관과는 전혀 다른 새로운 삶을 추구하게 된다. 무엇이 진정한 자녀교육의 성공인지에 대한 관점의 변화가 이루어지는 것도 이것에 연유한다. 그리고 '이 세대를 본받지 않고 마음을 새롭게 함으로 변화를 받아'(롬 12:2) 하나님의 기준을 추구하는 성화의 과정은 기독학부모로 세워지는 것을 근원적으로 가능케 해 주는 기초가 된다. 이런 의미에서 진정한 기독교적 양육은 기독학부모로 세우는 기본 과정이라고 할 수 있다. 특히 목회자는 설교를 통해 교인들이 지니고 있는 교육에 대한 비기독교적이고 왜곡된 가치들을 수정해 나갈 수 있고, 지속적인 성경공부와 경건훈련을 통해 주위의 세속적 가치관을 스스로 이겨 나갈 수 있는 능력을 신장시킬 수 있을 것이다.

한국교회가 기독학부모를 세우기 위해서 가장 관심을 갖고 실천할 수 있는 것이 기독학부모교실의 개설이다. 학령기 자녀를 둔 부모들이 기독학부모로서의 정체성을 지니고 기독교적인 관점으로 자녀를 교육하기 위해서는 별도의 과정이 필요하다. 기독교학교교육연구소가 실시하고 있는 기독학부모교실은 '기독학부모는 누구인가', '기독학부모의 교육 보기', '기독학부모의 자녀 이해', '여호와 경외교육', '성품교육', '학업과 은사 이해', '기독학부모와 학교', '기독학부모운동과 하나님 나라' 등 8개 주제를 포함하고 있는데, 기독학부모로 세움 받기 위한 기본적인 요소들을 담고 있다.[43]

기독학부모교실은 실제적으로 자녀교육의 방식을 변화시키는 데에 목적이 있기 때문에 지식의 전달보다 중요한 것이 자신의 자녀교육을 돌아보고 기독교적인 자녀교육으로 수정해 가는 과정이다. 이를 위해서는 비슷한 자녀 연령대별로 그룹을 형성하여 서로의 경험을 나누고 새로운 깨달음을 실천하고 이를 다시 확인하는 워크숍 방식이 바람직하다. 또한 몇 주간의 기독학부모교실로 끝나는 것이 아니라 기독학부모 모임을 형성하여 자녀들과 교육 문제의 해

---

43) 박상진 편저, 『기독학부모교실: 하나님이 기뻐하시는 교육을 향한 여정』(서울: 예영커뮤니케이션, 2007).

결을 위해 기도하며 지속적으로 기독교적 교육 실천을 도모할 수 있도록 격려하는 것이 필요하다.

3. 교회교육에 대한 새로운 접근/ 교회, 가정, 학교의 연계

한국교회가 입시 문제를 해결하기 위해서는 교회교육 분야에서도 변화가 필요하다. 교회교육은 학교교육과 분리된 좁은 의미의 신앙교육이 아니라 학업과 성적, 입시와 진로에 대한 기독교적 관점을 심어 주는 것을 포함한 교육이 되어야 한다. 교회학교 학생들의 가장 큰 고민이 학업과 진로 문제인 만큼 그들의 고민을 끌어안는 교회교육이 될 때 생명력이 있는 교육이 될 수 있다. 교회가 가정과 학교와 분리된 채 '재미있는' 프로그램만을 개발하는 것은 근본적인 해결책이 될 수 없다. 학생들의 흥미와 관심에 응답하는 것도 필요하고, 그들의 문화에 눈높이를 맞추려는 노력도 중요하지만, 그들의 삶에 대한 통전적인 관심을 갖고 그들의 생애의 여정을 바라보면서 그들의 고민에 응답하여야 할 것이다.

지금까지의 교회교육의 무기력의 한 중요한 이유는 교회, 가정, 학교가 서로 분리되어 있었다는 점이다. 교회와 가정이 분리되었고, 교회와 학교가 분리되었으며, 가정과 학교가 분리되었다.[44] 이런 분리 속에서는 입시 문제가 교회교육의 관심 밖일 수밖에 없다. 부모와 학생들의 중요한 관심은 학업과 성적, 그리고 입시와 진로인데 교회교육이 학교와 분리되어 이런 것들에 대해 무관심할 때 학생들의 삶과 괴리된 교육이 이루어지게 된다. 이를 극복하기 위해서는 먼저 교회와 가정이 연계되어야 한다. 주일 아침에 이루어지는 짧은 시간의 교회학교 예배와 분반공부만으로는 그들의 삶이 변화되기를 기대할 수 없다. 그나마도 학원에 가기 때문에 참석하지 못하는 악순환이 반복될 뿐이

---

44) 박상진, "교회의 위기를 극복하는 기독교교육의 새로운 접근: 교회, 가정, 학교를 연계하는 통전적 기독교교육" 기독교학회 정기학술대회 자료집(2008) 참조.

다. 교회에서 가장 중요한 것은 예배(worship)이며, 그 예배를 통해 깨달음을 얻는 것이다. 분반공부를 통해서도 성경 말씀을 접하고 깨달음을 얻을 수 있다. 이 깨달음이 삶으로 형성(formation)되기 위해서는 가정에서의 교육이 필수적이다. 부모의 모범과 가정에서의 습관형성을 통해서 삶의 변화로 이어질 수 있는 것이다.

교회와 학교의 연계도 중요하다. 기독교교육은 교회 안에서 이루어지는 교육만을 의미하는 것이 아니다. 학교교육도 기독교교육의 관심 안에 있다. '모든 진리는 하나님의 진리'(All truth is God's truth.)이며, 교과목의 지식은 일반계시의 영역이라고 할 수 있다. 성숙한 기독교인이요 하나님의 일꾼으로 성장하기 위해서는 학교교육을 통해 하나님의 창조세계에 대해 배워야 한다. 이런 점에서 학교는 학생들의 비전(vision)과 관계있다. 하나님 나라의 어떤 영역에서 사역할 것인지를 생각하며 실력과 전문성을 갖추는 과정이기도 하다. 교회교육은 학생들로 하여금 자신들이 학교에서 배우는 교과와 진로에 대해서 기독교적인 조망을 할 수 있도록 도와야 한다. 왜 공부를 해야 하는지, 대학에 가는 이유는 무엇인지, 입시는 어떤 의미를 지니는지 등에 대해서 기독교적인 관점으로 바라보고 실천할 수 있도록 교회는 도와야 한다. 가정과 학교의 연계는 부모들이 자녀를 학교에 보내는 기독교적 이해를 갖는 것으로부터 시작되는데, 본래는 부모가 자녀교육에 책무성을 지니는데, 학교에 위탁하는 것에 불과하다. 그렇기 때문에 학교에서 어떤 가치의 교육이 이루어지는지에 대해서 관심을 갖고 궁극적으로 기독교적 교육이 이루어지도록 도와야 한다. 이러한 교회, 가정, 학교가 연계된 통전적 기독교교육의 관점에서 교회교육이 이루어질 때 분리를 극복한 생명력 있는 교육이 가능하다.

4. 입시에 대한 기독교문화 형성

한국교회는 입시에 대한 기독교문화 형성의 책임이 있다. 입시에 대한 기독교문화 형성은 좁게는 교회 내 입시 문화에 대한 기독교적 변혁 과제를 의미하며, 넓게는 교회 밖 사회 속에서의 입시 관련 문화와 가치관에 대한 변혁 과제를 의미한다. 오늘날 한국교회 내에 팽배한 입시 문화는 어떤 것들인가? 개인의 신념과 교회 내 집단의 문화, 그리고 교회의 전반적인 풍토 속에 있는 왜곡된 '성공신화'의 가치 체계, 그리고 이로 인한 다양한 문화적 현상들을 들 수 있다. 그 자녀의 신앙적 성숙과 관계없이 일류대학에 합격한 것을 하나님의 축복과 동일시하고, 이러한 결과를 다양한 방법으로 홍보함으로 왜곡된 가치관을 확산하는 우를 범하기도 한다. 대부분의 한국교회 안에서 이루어지는 수능기도회는 대표적인 교회 내 입시 문화라고 할 수 있다. 자녀 인생의 중요한 시기에 기도하는 것은 분명히 필요하지만, 수능기도회가 그 기도의 내용과 방향이 기독교적일 필요가 있다. 특히 한국교회에서 이루어지는 수능당일기도회는 올바르게 인도되지 않으면 자칫 왜곡된 입시 문화를 강화시킬 위험이 있다.

교회 밖 입시와 관련된 가치 체계로서 기독교적 변혁이 요청되는 것에는 학벌주의나 연고주의, 간판주의 등을 들 수 있다. 사실 입시 경쟁의 과열 현상은 대학의 선발 방식이나 기업의 선발 방식에 상당부분 의존되어 있다. 대학의 선발 방식이 수능점수라고 하는 인지적 영역, 그 중에서도 암기력만을 보는 방식에서 탈피하여 다양한 영역의 다양한 능력을 기준으로 삼는다면 획일주의적인 경쟁을 지양할 수 있을 것이다. 기업에서 신입사원을 선발할 때에 학벌이나 연고 등의 기준에 매이거나 특정대학을 선호하는 기준을 갖는 것은 왜곡된 입시 경쟁을 심화시킬 우려가 있다. 기독교대학이나 기독교 기업부터 기존의 편협한 선발 방식으로부터 탈피하여 다양한 능력이나 재능, 그리고 그 직종에서 요구되는 자질을 기준으로 선발한다면 입시 문제도 그 해결의 실마리를 찾을 수 있을 것이다.

5. 기독교교육 운동의 확산

한국교회가 입시 문제를 해결할 수 있는 중요한 역할 가운데 하나가 기독교인들을 통한 기독교교육운동이다. 개교회 안에서의 목회와 교육을 통해 가정에서의 자녀 교육을 변화시키는 것도 중요하지만, 교회가 연합하고 범교회적으로 기독교교육 운동을 확산할 필요가 있다.

기독교교육운동의 첫 번째 과제는 기독학부모운동이다. 기독학부모교육을 통해 부모의 의식을 개혁하고 나아가 이들 학부모들이 연대하여 공동체를 이룸으로 교육의식개혁을 확산하고 이 사회 속에 만연한 교육의 왜곡된 문제를 치유하는 기독학부모운동이 요청된다. 현재 일반 학부모운동단체들은 많이 존재하지만 기독학부모운동단체들은 전무한데, 기독교적인 가치관으로 교육을 변화시키려는 노력은 이 땅의 교육 고통을 치유하는 역할을 감당할 수 있고, 왜곡되고 부패한 교육의 영역에서 소금과 빛으로서의 기능을 수행할 수 있을 것이다. 특히 기독 어머니들이 '내 자녀'의 교육만이 아니라 이 땅의 '우리들의 자녀들'의 문제에 대해 애통해하며 그 교육 문제를 치유하려고 공동체적으로 노력할 때 입시 문제와 그로 인한 사교육 팽창의 문제가 서서히 해결될 수 있을 것이다.

기독교교육운동의 두 번째 과제는 기독교학교운동이다. 미션스쿨과 기독교 대안학교를 포함한 기독교학교들이 입시에 대한 기독교적 관점을 지니고 이를 실천함으로 전체 공교육을 선도할 필요가 있다. 만약 기독교학교마저도 기독교적 가치관에 기초한 교육을 실천하는 것이 아니라 세속적 가치관에 근거한 교육에서 벗어날 수 없다면, 기독교학교의 정체성은 상실하고 마는 것이다. 기독교학교는 건학 이념만이 기독교적인 것이 아니라 교육의 모든 영역 안에서 기독교적인 접근이 이루어지는 학교이다. 한국교회는 기독교학교가 명실상부한 기독교교육이 이루어지는 기독교학교가 되도록 하기 위해서 노력할 필요가 있다. 기독교학교의 이사진들과 교장, 교감, 교목 등 교육지도자들이 학교교육, 특히 입시에 대한 기독교적 관점을 확립할 수 있도록 도와야 할 것이다. 기독교학교의 정체성과 본질을 회복하는 갱신운동은 전체 학교교육에 신선한 도전을 줄 수 있을 것이다.

기독교교육운동의 세 번째 과제는 기독교사운동이다. 이미 기독교사단체들이 연합하여 '좋은교사운동'을 펼치고 있지만, 기독교사들이 입시에 대한 기독교적 관점을 지니고 이를 교육현장에서 구체적으로 구현해 나가야 한다. 교사 한 사람이 분명한 가치관을 갖고 교육현장을 변화시켜 나간다면 오늘날의 심각한 교육 문제, 특히 입시 문제를 해결하는 데에 어떤 노력보다 직접적인 영향력을 끼치게 될 것이다. 이를 위해서는 한국교회가 교회 안에 잠자는 '기독교인 교사'들을 일깨워 진정한 '기독교사'로 세울 수 있어야 할 것이다. 교회 내에서 개교회 별로 '기독교사모임'을 구성하고, 이들이 연합할 수 있도록 지원하고, 기존의 기독교사연합인 좋은교사운동을 지원하고 협력함으로 기독교사들이 교육 문제를 치유할 수 있도록 격려하여야 할 것이다.

마지막으로 기독교교육운동은 기독교교육시민운동을 요청하고 있다. 기독학부모운동이나 기독교사운동 외에도 최근에 출범된 입시·사교육바로세우기 기독교운동(입사기운동)은 기독교교육시민운동의 한 좋은 사례가 될 수 있다. 기독교윤리실천운동과 좋은교사운동, 기독교학교교육연구소가 연대하여 펼치고 있는 입사기운동은 한국교회가 입시, 사교육 문제에 의해 영향만 받을 것이 아니라 이를 해결하는 역할을 감당하자는 취지로 시작되었는데, 한국교회가 이런 기독교교육시민운동이 활성화되어 사회에 선한 영향력을 미치도록 지원하고 적극적으로 참여할 필요가 있다. 특히 목회자들이 이러한 운동을 하나님 나라를 향한 교회의 중요한 사역으로 생각하고 동참할 때에 한국교회가 세상을 변화시키는 존재로 사회적 책임을 감당하는 정체성을 회복하게 될 것이다.

6. 입시 제도의 개선을 위한 기독교적 대안 모색

입시 문제의 해결은 의식 개혁만으로는 불충분하다. 입시 제도와 사회의 구조적 모순이 변화되지 않는 한 한계가 있을 수밖에 없다. 한국교회는 입시 문제를 해결할 수 있는 기독교적 대안 모색이 이루어지도록 지원하여야 한다. 크리스천 교육학자와 교육행정가, 기독교교육학자들과 기독교교육전문가들이 오늘날 한국 교육의 대안에 대해 심도 있게 연구하여 비기독교인들도 공감할 수 있는 대안적 방안을 마련할 필요가 있다. 지금까지는 교육 분야, 특히 학교 교육 분야에 대한 기독교적 연구가 전무하다시피 부족하였다. 특히 교육정책에 대한 기독교적 대안 모색과 관련한 연구가 거의 이루어지지 않았다. 한국교회는 입시 문제에 대한 제도적 대안 제시를 위한 이러한 연구를 지원하여야 한다.

입시 문제를 해결하기 위한 제도적 대응방안으로는 '학력위주의 인사선발 방식의 변화' '학력에 따른 임금 격차 완화' 등의 사회 구조적인 변화가 필요할 뿐 아니라 '대학의 학생선발 기준 변화'와 '수능시험 방식의 개선' 등 교육 분야 내부의 개혁이 요청된다. 만약 기업이 소위 일류 대학 출신만을 선발하는 것이 아니라 해당 직종 분야가 요구하는 실력과 대인관계 능력, 그리고 인성과 가치관 등 실제적으로 '훌륭한 직장인'의 자질을 평가하여 선발하는 방식으로 변화될 수 있다면 오늘날의 획일주의적 입시 경쟁은 새로운 모습으로 변화될 수 있는 가능성을 열게 될 것이다. 이러한 제도적인 변화는 '대안에 관한 연구 수행'만이 아니라 다양한 기독교교육시민운동을 통해서 성취할 수 있을 것이다. 한국교회는 대안적 사회에 대한 비전을 갖고 이런 변화의 방향을 제시할 수 있어야 할 것이다.

이런 제도적인 변화는 사실 의식의 변화 없이는 또한 이루어질 수 없다. 마치 인종차별제도나 노예제도와 같은 악한 제도가 변화될 수 있었던 것은 하루아침에 이루어진 것이 아니라 이를 변화시켜야 한다고 믿었던 사람들이 지속적으로 노력하였고, 그런 의식 변화의 확산이 결국 제도 변화를 이끌어 낼 수 있었던 것이다. 의식 개혁만으로도 불충분하지만, 제도 개혁 자체만으로도 불충분하다. 한국교회가 입시 문제를 해결하기 위해서는 교육의 영역에서 이 둘이 함께 이루어질 수 있도록 인도하고 지원하여야 할 것이다. 또한 경우에 따라서는 타종교와의 연대를 통해서 이러한 변화를 추구할 수 있을 것이다. 종교라는 초월적 가치가 사람들로 하여금 현실 문제에 붙박혀 있지 않도록 돕고 이를 갱신시킬 수 있는 힘을 공급하기 때문이다.

7. 기독교교육 공동체적 노력

한국교회가 입시 문제를 해결하기 위해서는 공동체적 접근이 필요하다. 이 문제의 해결은 개교회만이 아니라 교회가 연합하여 대처해야 하는 것은 물론이요 다양한 기관이나 단체와의 연대가 필요하다. 입시 문제에 대한 기독교적 관점을 확립하는 의식 개혁이 성공적으로 이루어지기 위해서는 기독교언론과의 연대가 필요하다. 다양한 언론 매체를 통해서 왜곡된 교육 가치관의 문제를 지적하고 올바른 기독교적 자녀교육관을 확립할 수 있도록 협력한다면 기독교적 의식 개혁은 훨씬 동력을 얻을 수 있다. 의식개혁을 보다 심화시키고 제도적인 개혁을 시도하기 위해서는 학계, 특히 기독학자들과의 연대가 필요하다. 기독학자들이 심도 있는 연구를 수행할 수 있도록 여건을 형성해 주고, 기독교교육 관련 연구소가 활성화될 수 있도록 지원하는 것이 필요하다.

입시 문제를 해결하기 위해서는 기독교학교는 물론 교육계의 크리스천들과 폭넓은 연대가 필요한데, 여기에는 교육행정가, 교육정책가, 교과전문가를 포함한 다양한 교육전문가 등이 포함된다. 제도적인 방안을 마련하고 이를 정착시키기 위해서는 기독정치인들과의 공조가 필요하며 기독시민단체들과의 협력이 필요하다. 입시와 관련된 왜곡된 교육 정책에 대해서는 반대 여론을 형성하여야 하고 건전한 교육정책에 대해서는 세상의 이익 집단에 의해서 폐기

되거나 약화되지 않도록 적극적인 지지의사를 표명하여야 할 것이다. 이러한 공동체적인 노력을 위해서는 다양한 기독단체들과 지도자들 간의 네트워크가 형성될 필요가 있다. 입시 문제를 해결하기 위한 의식 형성과 제도 개혁을 위한 방향과 전략에 대해 부단히 소통하며 공감대를 형성하고 더불어 공동 전략을 수립하여 실천하는 공동체적 노력이 필수적이라고 할 수 있다.

VII. 결언

입시 문제는 해결 불가능한 문제가 아니다. 지금은 그 문제가 너무나 크고 복잡하게 얽혀 있기 때문에 도저히 해결할 수 없는 '고정되어 있고 움직일 수 없는' 문제로 인식하는 경향이 있다. 이런 시각에서 보면 입시 문제를 해결하려는 모든 노력은 냉소적으로 보일 수밖에 없다. 그러나 이미 예수 그리스도의 십자가 안에서 개인의 죄의 문제만이 아니라 교육 문제를 포함한 모든 사회적 문제도 해결함을 받았다. 예수 그리스도의 가상칠언 중 '다 이루었다'는 말씀 속에 이미 문제 해결은 선포되었다. 그 선취된 교육에서의 구속함을 구체적인 교육 현실 속에서 실현해 가는 과정이 남아 있을 뿐이다. 물론 그 나라가 도래하기까지는 이 땅에서 온전한 교육이 성취되지는 않는다 할지라도 '하나님의 교육'을 이루어 가야 할 종말론적 긴장 가운데 우리가 살고 있다. 교육의 영역에서 하나님 나라를 이루어 가는 것, 그래서 교육 고통이 치유되고, 교육이 더 이상 저주와 고통이 아니라 축복이 되는 그런 교육이 진정한 기독교교육일 것이다. 한국교회가 바로 이 땅의 교육을 변화시키고 교육 고통을 치유해야 할 사명을 지닌다. 한국교회가 입시 문제의 해결을 위해 중요한 역할을 감당함으로 교육의 영역에서 하나님 나라를 확장해 갈 수 있기를 소망한다.

참고 문헌

김명용, 『열린신학 바른 교회론』, 서울: 장로회신학대학교출판부, 1997
김창환, "한국교회에서의 입시이해", 박상진 외, 『입시에 대한 기독교적 이해』, 서울: 예영커뮤니케이션, 2008.
박상진, 『기독교학교교육론』. 서울: 예영커뮤니케이션, 2006.
_____, "입시에 대한 기독교교육적 이해", 『입시에 대한 기독교적 이해』, 서울: 예영커뮤니케이션, 2008.
_____, "한국 교회교육 위기 극복을 위한 새로운 접근: 교회, 가정, 학교의 연계", 입시, 사교육바로세우기 기독교운동 편, 「교회학교 부흥에 대한 새로운 접근」(세미나 자료집, 2008.)
박상진 편저, 『기독학부모교실: 하나님이 기뻐하시는 교육을 향한 여정』, 서울: 예영커뮤니케이션, 2007.
박영신, 정재영, 『현대 한국사회와 기독교: 변화하는 한국사회에서의 교회의 역할』, 서울: 한들출판사, 2006.
송순재, 『대학입시와 교육제도의 스펙트럼』, 서울: 학지사, 2007.
양낙흥, 『한국사회와 문화, 거듭나야 한다』, 서울: 한국기독학생회출판부, 1996.
오욱환, 『조기유학, 유토피아를 향한 출국: 조기유학의 복합적 기능과 역기능』, 서울: 교육과학사, 2008.
임성빈, "한국교회와 사회적 책임", 세계밀알연합회 편, 『기독교의 사회적 책임』, 서울: 기독교문서선교회, 2005.
장신근, 『공적 실천신학과 세계화 시대의 기독교교육』, 서울: 장로회신학대학교출판부, 2007.
정수복, 『한국인의 문화적 문법: 당연의 세계 낯설게 보기』, 서울: 생각의 나무, 2007.

Dykstra, Craig R, *Vision and Character: A Christian Educator's Alternative to Kohlberg*, New York: Paulist, 1981.

Fowler, James, *Weaving the New Creation: Stages of Faith and the Public Church*, San Francisco, 1991.

Grenz, Stanley, *The Theology for the Community of God*. 신옥수 역. 『조직신학: 하나님의 공동체를 위한 신학』, 서울: 크리스챤다이제스트사, 2003.

입시에 대한 목회자 의식조사

안녕하십니까?
오늘날 한국 사회가 해결해야 할 가장 큰 과제 가운데 하나가 교육의 문제입니다. 특히 입시, 사교육 문제는 수많은 국민들에게 고통을 안겨 주고 있습니다. 한국 교회의 교인들도 이 고통에서 자유롭지 못합니다. 한국 기독교계가 이 문제를 해결하기 위해 지난 6월에 '입시, 사교육 바로세우기 기독교운동'(입사기 운동)을 시작하였습니다. 이 운동이 결실을 맺기 위해서는 목회자 여러분의 협조가 필요합니다. 이 설문지는 입시, 사교육에 대한 목회자 여러분의 의식을 파악하기 위한 것입니다. 입사기 운동이 활발히 이루어지기 위해서 꼭 필요한 자료가 될 것입니다. 바쁘시겠지만 성실히 답해 주시면 감사하겠습니다.

입시·사교육 바로세우기 기독교운동, 한목협, Christian Today Korea

I. 일반적인 사항

1. 귀하의 성별은 무엇입니까? ① 남성 ② 여성

2. 귀하의 연령은 무엇입니까?
① 20대 ② 30대 ③ 40대 ④ 50대 ⑤ 60대 ⑥ 70대 이상

3. 귀하가 목회하는 교회는 어느 지역입니까?
① 서울특별시 ② 수도권 신도시(분당, 일산, 평촌, 산본, 중동) ③ 광역시 ④ 중소도시
⑤ 읍/면 지역

4. 귀하가 교회에서 맡은 직책은?
① 담임목사 ② 전임교역자 ③ 기타:

5. 귀하가 목회하는 교회의 주일 성인 출석수는?
① 3,000명 이상 ② 1,000명 이상 ~ 3,000명 미만 ③ 500명 이상~1,000명 미만
④ 100명 이상~500명 미만 ⑤ 100명 미만

6. 학교에 다니는 자녀가 있습니까?
① 있다 (남 _____ 명, 여 _____ 명)   ② 없다

7. 자녀의 학교급은? (자녀 수대로 모두 표시해 주십시오)
① 미취학 유아나 아동 _____ 명 ② 초등학교 _____ 명
③ 중학교 _____ 명 ④ 일반계고등학교 _____ 명
⑤ 특목고(과학고, 외고, 자사고, 예술고 등) _____ 명
⑥ 실업계고등학교(종합고 포함) _____ 명 ⑦ 전문대학 _____ 명
⑧ 4년제 대학교 _____ 명 ⑨ 대학원 이상 _____ 명

8. 자녀의 학교 성적은 어느 정도입니까?
① 최상위권 ② 상위권 ③ 중위권 ④ 하위권 ⑤ 최하위권

II. 입시에 대한 문제인식

1. 오늘날 한국의 입시로 인한 고통이 심각하다고 생각합니까?
① 매우 심각하다 ② 심각하다 ③ 보통이다 ④ 심각하지 않다 ⑤ 전혀 심각하지 않다

2. 자녀가 정규교육 외의 사교육을 받은 경험이 있습니까(또는 받고 있습니까)?
① 예 ② 아니오

3. 사교육을 받는다면 자녀(들)에 대한 월 평균 사교육비 총액은?
① 10만 원 미만 ② 10만 원 이상~30만 원 미만 ③ 30만 원 이상~50만 원 미만
④ 50만 원 이상~100만 원 미만 ⑤ 100만 원 이상~200만 원 미만 ⑥ 200만 원 이상

4. 자녀가 조기유학을 하고 있거나 한 경험이 있습니까?
① 있다 ② 없다

5. 자녀교육 문제의 심각성이 어느 정도라고 생각합니까?
① 매우 심각하다 ② 심각하다 ③ 보통이다 ④ 심각하지 않다 ⑤ 전혀 심각하지 않다

6. 귀하가 목회하는 교회 교인들이 자녀의 입시문제로 인해 고통당한다고 생각합니까?
① 매우 그렇다 ② 그렇다 ③ 보통이다 ④ 그렇지 않다 ⑤ 매우 그렇지 않다

III. 입시에 대한 가치관

1. 귀하는 입시와 신앙이 어떤 관계가 있다고 생각합니까?
① 입시와 신앙은 전혀 관계없다
② 입시보다 신앙이 우선되어야 한다
③ 신앙도 중요하지만 우선 입시 준비에 최선을 다해야 한다
④ 신앙을 열심히 추구하면 입시 결과도 좋을 수밖에 없다

2. 사교육에 대한 견해는 무엇입니까?
① 사교육은 반드시 필요하다 ② 사교육은 필요한 경우로 제한되어야 한다
③ 사교육은 전혀 받지 않아야 한다

3. 귀하가 자녀에게 사교육을 받게 하는 가장 중요한 이유는 무엇입니까?
① 남들이 다하니까 ② 부족한 영역을 보충하기 위해서
③ 공교육을 불신하기에 ④ 자녀의 재능 개발을 위해서

4. 자녀교육의 성공을 위해서는 자녀가 소위 일류대학에 입학하는 것이 필수적이라고 생각합니까?
① 매우 그렇다 ② 그렇다 ③ 보통이다 ④ 그렇지 않다 ⑤ 매우 그렇지 않다

5. 귀하는 입시에 대해 기독교적 관점을 지니기 위해 노력합니까?
① 매우 그렇다 ② 그렇다 ③ 보통이다 ④ 그렇지 않다 ⑤ 매우 그렇지 않다

IV. 교회와 입시의 관계

1. 입시가 교회학교 침체에 영향을 미친다고 생각합니까?
① 매우 그렇다 ② 그렇다 ③ 보통이다 ④ 그렇지 않다 ⑤ 매우 그렇지 않다

2. 자녀가 주일에도 학원에 가고 있습니까?
① 교회학교 예배에 참석하지 못하고 학원에 간다
② 교회학교 예배는 참석하고 학원에 간다
③ 장년예배에 참석하고 학원에 간다

④ 주일에는 학원에 가지 않는다

3. 주일에 학교, 학원 안 보내기 운동에 대해서 어떻게 생각합니까?
① 적극적으로 지지한다
② 지지하지만 현실성이 없다
③ 주일 예배에 참석한다면 학교, 학원에 가도 관계없다
④ 주일이라도 학교, 학원에 보내야 한다

4. 한국의 기독교학교에서 기독교적 가치관으로 입시 지도가 이루어지고 있다고 생각합니까?
① 매우 그렇다 ② 그렇다 ③ 보통이다 ④ 그렇지 않다 ⑤ 매우 그렇지 않다

5. 교인들의 가정에서 자녀 신앙교육이 잘 이루어진다고 생각합니까?
① 매우 그렇다 ② 그렇다 ③ 보통이다 ④ 그렇지 않다 ⑤ 매우 그렇지 않다

V. 교회의 입시문화

1. 입시와 관련된 교회행사(활동)에는 어떤 것들이 있습니까? (있는 대로 고르십시오)
① 교회부설 대안학교 ② 주말학교, 방과 후 학교 ③ 진로세미나
④ 수능을 위한 작정기도회 ⑤ 수능당일 기도회 ⑥ 입시철 목회자의 안수기도
⑦ 대학 합격자 광고 ⑧ 기타:

2. 수능시험 당일 시간표에 맞춘 기도회에 대한 견해가 어떠합니까?
① 높은 성적을 거두기 위해 꼭 필요하다
② 기도회는 필요하지만 기도제목이나 진행 방식을 바꾸어야 한다
③ 수능시험 당일 기도회는 필요하지 않다

3. 교회 안의 여전도회나 구역모임을 통해 입시에 대한 기독교적 가치관이 확산된다고 생각합니까?
① 입시에 대한 기독교적 가치관으로 격려받는다
② 입시에 대한 세속적인 가치관의 영향을 받는다
③ 입시와 관계없는 모임이다

4. '일류대학 합격은 하나님의 축복이다'는 말에 대해서 어떻게 생각합니까?
① 적극적으로 동의한다 ② 동의하는 편이다 ③ 그저 그렇다
④ 동의하지 않는 편이다 ⑤ 적극적으로 동의하지 않는다

VI. 입시에 대한 교회의 역할 기대

1. 입사기 운동(입시,사교육 바로세우기 기독교운동)에 관해서 들어본 적이 있습니까?
① 있다 ② 없다

2. 입사기 운동은 오늘날 한국의 입시, 사교육문제에 대해서 한국교회와 기독교인들이 기독교적으로 응답하려는 운동입니다. 이 운동의 필요성에 공감합니까?
① 매우 그렇다 ② 그렇다 ③ 보통이다 ④ 그렇지 않다 ⑤ 매우 그렇지 않다

3. 우리 교회에서는 입시를 위해 어떻게 준비하고 있습니까?
① 수능 대비 특별 기도회를 실시한다
② 수험생들을 위한 다양한 프로그램을 실시하여 학업 증진에 도움을 준다
③ 특별한 준비를 하고 있지 않다
④ 수험생들의 교회 활동을 자제시키고 있다
⑤ 공부(대학 입시)의 목적, 의미 등을 알려 준다
⑥ 잘 모르겠다

4. 교회가 입시위주 교육의 한계를 극복하는 기독교교육을 실천한다면, 입시위주의 교육풍토에 어떤 영향을 미칠 것이라 생각합니까?
① 현실 사회가 바뀌지 않는 한 불가능하다
② 교회 어른들의 교육적 가치관을 변화시킬 수 있다
③ 교회부터 시작하여 점차적으로 한국교육과 입시문화의 변화에 영향력을 미칠 수 있다
④ 교회와 입시 교육과는 별개의 문제이다
⑤ 기타:

5. 기독교적인 입시문제 해결을 위해 가장 중요한 사람은 누구라고 생각하나?
① 목회자 ② 학부모 ③ 학생 ④ 학교교사 ⑤ 교육과학기술부 장관 ⑥ 대통령
⑦ 기타:

6. 교인들이 기독학부모로서의 정체성을 갖고 자녀교육을 하기 위해 교회에서 기독학부모교실을 개설하는 것이 필요하다고 생각합니까?
① 매우 그렇다 ② 그렇다 ③ 보통이다 ④ 그렇지 않다 ⑤ 매우 그렇지 않다

7. 목회자가 교인들로 하여금 올바른 기독교적 자녀교육을 실천하도록 돕기 위해 '목회자 교육 세미나'가 필요하다고 생각합니까?
① 매우 그렇다 ② 그렇다 ③ 보통이다 ④ 그렇지 않다 ⑤ 매우 그렇지 않다

8. 목회자가 설교를 통해 교인들로 하여금 자녀교육에 대한 성경적 관점을 확립하도록 도울

수 있다고 생각합니까?
① 매우 그렇다 ② 그렇다 ③ 보통이다 ④ 그렇지 않다 ⑤ 매우 그렇지 않다

9. 입시에 대한 기독교적 대응은 제도개선을 포함하는데, 어떤 방안이 가장 필요하다고 생각합니까?
① 학력위주의 인사선발 방식의 변화 ② 대학의 학생선발 기준 변화
③ 학력에 따른 임금격차 완화 ④ 수능출제 방식의 변화
⑤ 사교육에 대한 정부의 규제 강화 ⑥ 기타:

10. 입사기 운동(입시, 사교육 바로세우기 기독교운동)을 위해 제안하고 싶은 내용은 무엇입니까?
   _____
   _____

-감사합니다-